はじめての囲《い》碁《ご》

実戦編《じっせんへん》

監修《かんしゅう》 光永《みつなが》淳造《じゅんぞう》

構成《こうせい》・原稿執筆《げんこうしっぴつ》 東京大学囲碁部《とうきょうだいがくいごぶ》

はじめての囲碁《いご》 実戦編《じっせんへん》

監修《かんしゅう》　光永《みつなが》　淳造《じゅんぞう》
構成《こうせい》・原稿執筆《げんこうしっぴつ》　東京大学囲碁部《とうきょうだいがくいごぶ》

目《もく》次《じ》

目《もく》次《じ》

監修《かんしゅう》　光永《みつなが》　淳造《じゅんぞう》　六段《ろくだん》

日本棋院棋士《にほんきいんきし》

【略《りゃく》　歴《れき》】

1974年　8月6日生まれ。岡山出身。
1998年　東京大学理学部数学科卒業。
1999年　日本棋院棋士採用試験を受け入段を果たす。
　　　　東大卒3人目のプロ囲碁棋士。
1999年　初段、二段
2000年　三段
2002年　四段
2003年　五段
2009年　六段

【著《ちょ》　書《しょ》】

「勝つヨセの絶妙な手順」（棋苑図書）
「ずばり即戦力 石を取る捨てる」（NHK出版）
「実録光永道場」（毎日コミュニケーションズ）

はじめに

入門編《にゅうもんへん》では主《おも》に相手《あいて》の石《いし》を取《と》る方法《ほうほう》について説明《せつめい》しました。ですがそれだけ覚《おぼ》えても囲碁《いご》は打《う》てません。この実戦編《じっせんへん》では、実際《じっさい》の対局《たいきょく》を想定《そうてい》して、より即戦力《そくせんりょく》になるテクニックを紹介《しょうかい》します。

入門編《にゅうもんへん》と実戦編《じっせんへん》を通《つう》じて9路盤《ろばん》で対局《たいきょく》ができることを目標《もくひょう》にしていますが、実際《じっさい》には9路盤《ろばん》だけでなく、19路盤《ろばん》での対局《たいきょく》でも役《やく》に立《た》つ内容《ないよう》を多《おお》く取《と》り入《い》れていますので、囲碁《いご》を覚《おぼ》えたての方《かた》はもちろん、ある程度《ていど》囲碁《いご》が打《う》てるようになった後《あと》で少《すこ》しおさらいをしたい、という方《かた》にも新《あら》たな発見《はっけん》があると思《おも》います。

この本《ほん》を読《よ》み終《お》えたら、ぜひたくさん対局《たいきょく》をしてみてください。きっとたくさん失敗《しっぱい》すると思《おも》いますが大丈夫《だいじょうぶ》。囲碁《いご》は失敗《しっぱい》して強《つよ》くなるゲームです。私《わたし》もいまだに多《おお》くの失敗《しっぱい》をしますが、だから囲碁《いご》を長《なが》い間《あいだ》楽《たの》しめているのだと思《おも》います。

この本《ほん》の使《つか》い方《かた》

この本《ほん》では、囲碁《いご》の実戦的《じっせんてき》なテクニックを学《まな》んでいきます。

このページで学《まな》ぶ見出《みだ》し。

このページで覚《おぼ》える内容《ないよう》

碁盤《ごばん》の図《ず》

碁石《ごいし》の位置《いち》

1線《せん》の「ハネツギ」○

1線《せん》の「ハネツギ」

図《ず》1の黒《くろ》1もハネです。白《しろ》が2に「オサエ」た時《とき》、黒《くろ》はアタリなので3にツギます。2線《せん》の場合《ばあい》と用語《ようご》は同《おな》じで、黒《くろ》1、3のことも「ハネツギ」と言《い》います。ここまでは全《まった》く変《か》わりません。

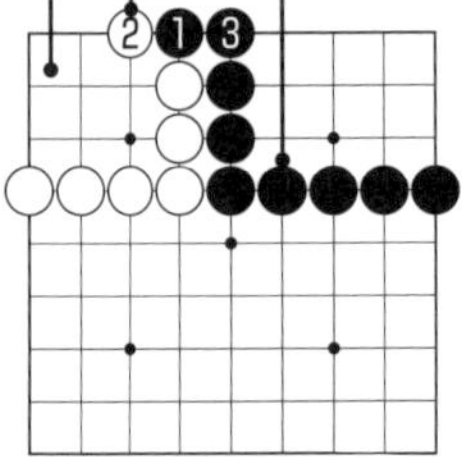

図1

ところが2線《せん》の場合《ばあい》と違《ちが》うのが、図《ず》1の後《あと》、白《しろ》は4にツガなければいけない点《てん》です。ツガないと、どうなるでしょうか？

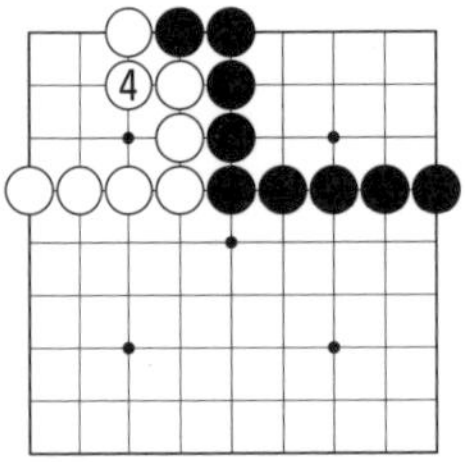

図2

20

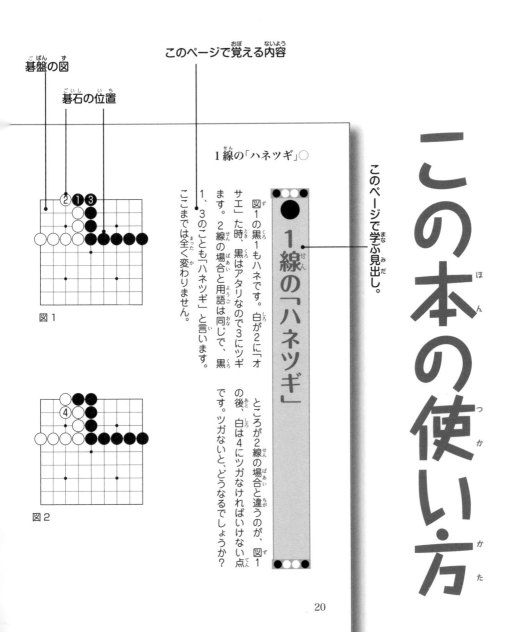

この本《ほん》の使《つか》い方《かた》

この本《ほん》で囲碁《いご》を学《まな》ぶときは、実際《じっさい》に碁盤《ごばん》と碁石《ごいし》を使《うか》って、展開《えんかい》を確認《かくにん》するとよいでしょう。

章《しょう》タイトル

この本《ほん》は、主《おも》に内容《ないよう》を覚《おぼ》える文章《ぶんしょう》と、説明《せつめい》の図《ず》でわかりやすく構成《こうせい》されています。

第《だい》1章《しょう》 ハネツギをマスターしよう

図《ず》1のまま白《しろ》が放置《ほうち》してしまうと、黒《くろ》1に切《き》るのがよい手《て》です。アタリなので白《しろ》が2に逃《に》げてみても、黒《くろ》3とさらにアタリにして、5まで白《しろ》を取《と》ることができます。こうなると、石《いし》を取《と》られて地《じ》もなくなり、白《しろ》はとても悲《かな》しい姿《すがた》になります。

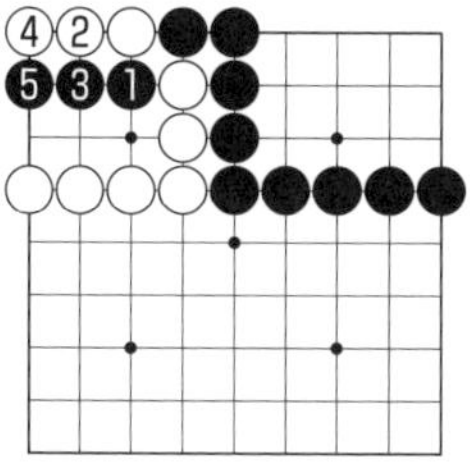

図3

白《しろ》が先《さき》に打《う》つ場合《ばあい》も白《しろ》1、3のハネツギです。黒《くろ》も4と忘《わす》れずにツイでおかなければいけません。

黒白《くろしろ》どちらでも打《う》てるようにしよう。

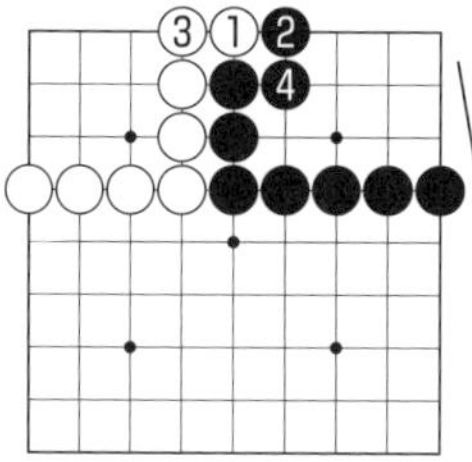

図4

21

●入門編《にゅうもんへん》おさらい

入門編《にゅうもんへん》で学《まな》んだ内容《ないよう》を振《ふ》り返《かえ》って、おさらいしましょう。

相手《あいて》を囲《かこ》んだら相手《あいて》の石《いし》を取《と》れる

囲碁《いご》は黒白交互《くろしろこうご》に打《う》ち、相手《あいて》を囲《かこ》んだら相手《あいて》の石《いし》を取《と》ることができます。

「アタリ」

あと一手《いって》で相手《あいて》の石《いし》を取《と》れる状態《じょうたい》を「アタリ」と言《い》います（入門編《にゅうもんへん》Ｐ16）。

一度《いちど》に相手《あいて》の二《ふた》つの石《いし》を同時《どうじ》にアタリにする手《て》を「両《りょう》アタリ」と言《い》います（入門編《にゅうもんへん》Ｐ52）。両《りょう》アタリにできたら、必《かなら》ずどちらかの石《いし》を取《と》ることができます。

「地《じ》」

囲碁《いご》の勝敗《しょうはい》は、取《と》った相手《あいて》の石《いし》の数《かず》ではなく、地《じ》の大《おお》きさで決《き》まります。

地《じ》の大《おお》きさは、その中《なか》にある交点《こうてん》の数《かず》になります（入門編《にゅうもんへん》Ｐ32）。

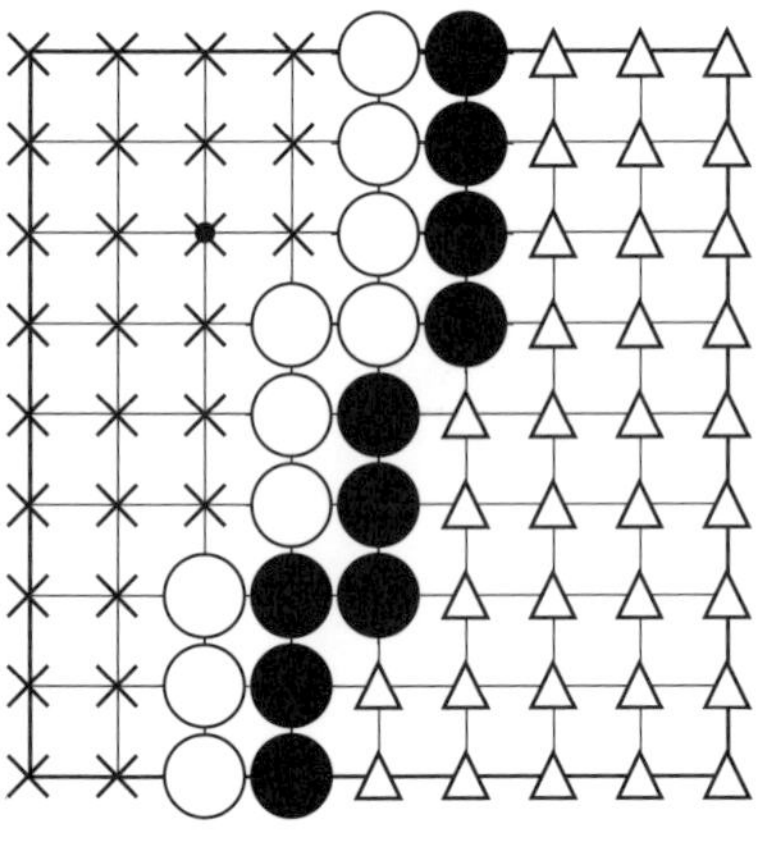

図１

●入門編おさらい　「ツギ」

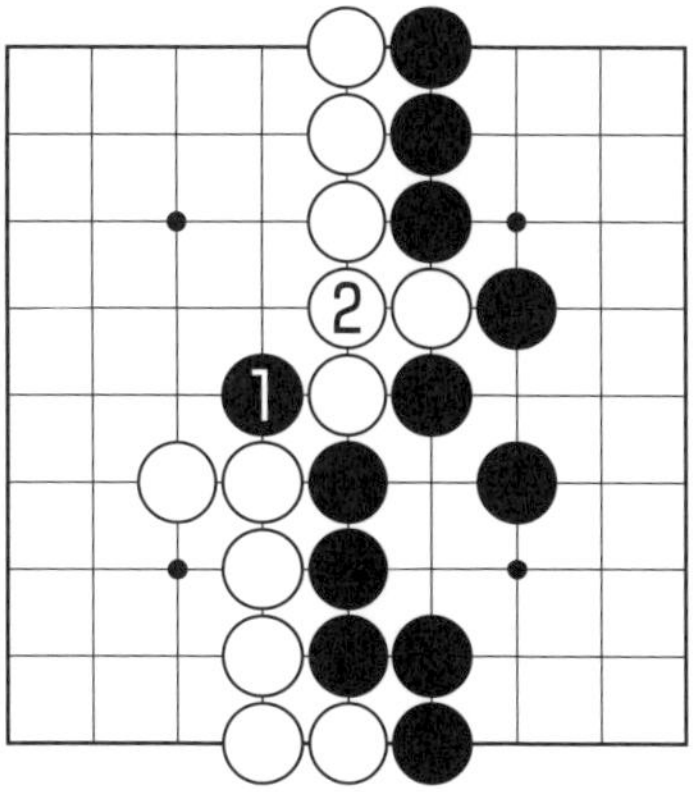

図2

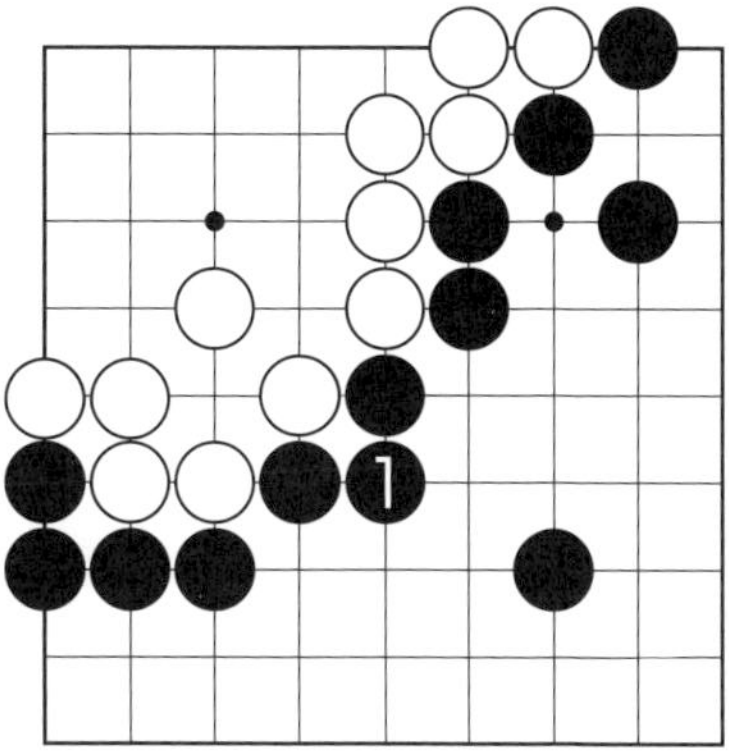

図3

「ツギ」

入門編《にゅうもんへん》では、石《いし》を取《と》る手《て》、石《いし》を守《まも》る手《て》を学《まな》びました。

アタリの石《いし》や傷《きず》を守《まも》る手《て》を「ツギ」と言《い》います（入門編《にゅうもんへん》P47）。

とても重要《じゅうよう》な手《て》です。もう一度《いちど》、おさらいして覚《おぼ》えましょう。

図《ず》2では、黒《くろ》1に対《たい》して白《しろ》2がアタリの石《いし》を守《まも》る「ツギ」です。こうすることで、白地《しろじ》をしっかり確保《かくほ》しています。

図《ず》3では、黒《くろ》1のツギで傷《きず》を守《まも》っています。この手《て》を打《う》たないと白《しろ》に1の場所《ばしょ》に打《う》たれて両《りょう》アタリになり、どちらかの石《いし》が取《と》られてしまいます。

●入門編《にゅうもんへん》おさらい　石《いし》を取《と》るテクニック

入門編《にゅうもんへん》で学《まな》んだ石《いし》を取《と》る四《よっ》つの重要《じゅうよう》なテクニックをおさらいしましょう。

「オイオトシ」

相手《あいて》がアタリを防《ふせ》いだらさらに大《おお》きく取《と》れる形《かたち》のことを「オイオトシ」と言《い》います（入門編《にゅうもんへん》P68）。

「シチョウ」

相手《あいて》がどんなに逃《に》げても交互《こうご》にアタリにしながら追《お》いかけ、結局《けっきょく》、取《と》ってしまいます（入門編《にゅうもんへん》P72）。このような形《かたち》を「シチョウ」と言《い》います。囲碁《いご》を打《う》つ上《うえ》で非常《ひじょう》に重要《じゅうよう》なテクニックの一《ひと》つです。

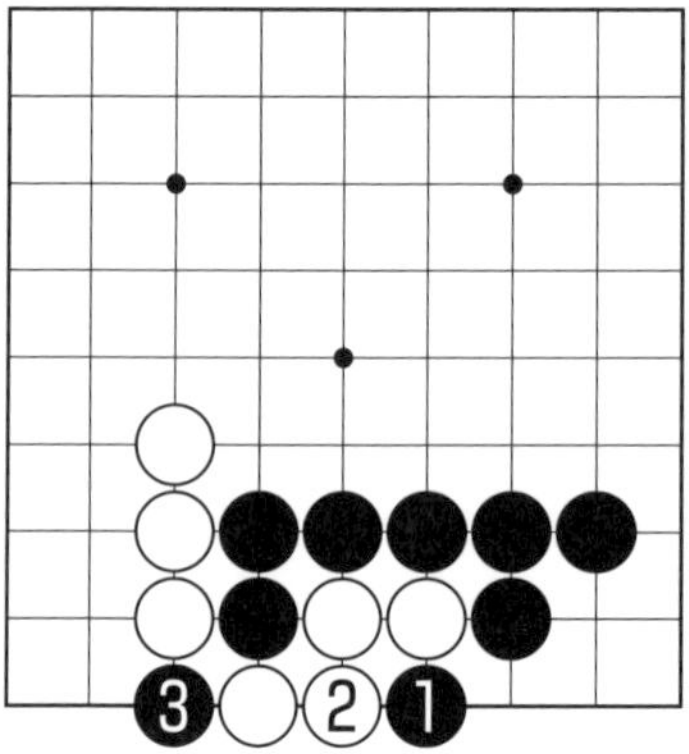

図1

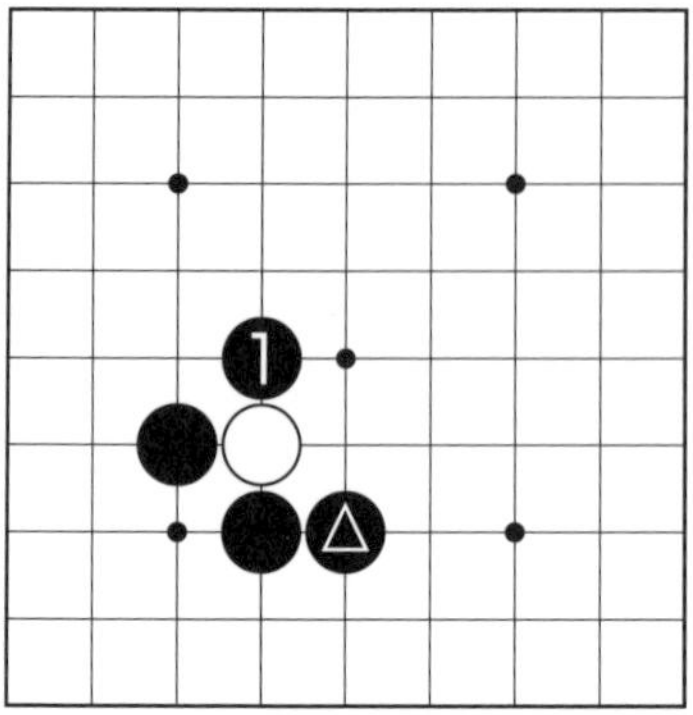

図2

●入門編おさらい　「ゲタ」「ウッテガエシ」

「ゲタ」

包《つつ》みこんで逃《に》がさない取《と》り方《かた》を「ゲタ」と言《い》います（入門編《にゅうもんへん》P78）。

アタリではないのですが、相手《あいて》が逃《に》げられないなら取《と》れているのです。

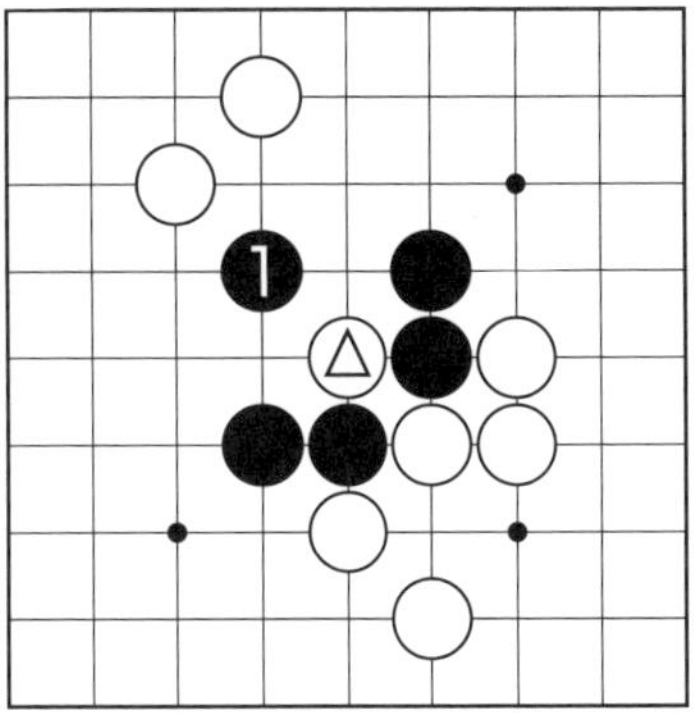

図3

「ウッテガエシ」

自分《じぶん》の石《いし》を取《と》らせて、その後《あと》で相手《あいて》の石《いし》を大《おお》きく取《と》るような手《て》を「ウッテガエシ」と言《い》います（入門編《にゅうもんへん》P82）。

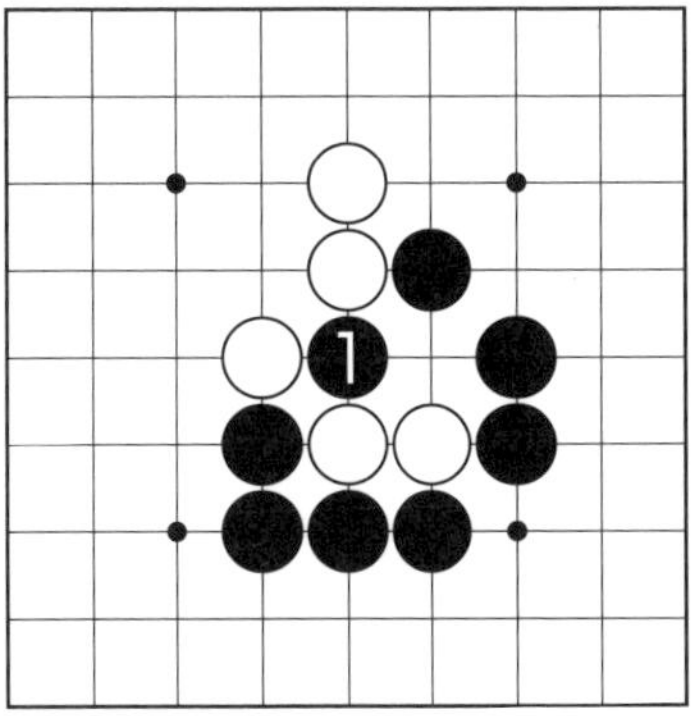

図4

囲《い》碁《ご》の用《よう》語《ご》索《さく》引《いん》（五十音順《ごじゅうおんじゅん》）

【あ】
生《い》きている石《いし》……30
ウチカキ……38
オサエ……16
【か】
カケツギ……19
カケ眼《め》……36
カタツギ……19
コミ……28
殺《ころ》す……33
【さ】
三目《さんもく》ナカデ……46
序盤《じょばん》……60
死《し》んでいる石《いし》……32
整地《せいち》……67
【た】
ツケ……59
中押《ちゅうお》し勝《が》ち……75
手抜《てぬ》き……23
【な】
ナカデ……46
二眼《にがん》……30
2線《にせん》のキリトリ……14
2線《にせん》のハネツギ……16
ノビ……68
【は】
ハネ……16
ハネツギ……16
布石《ふせき》……60
【ま】
見合《みあ》い……50
眼《め》……30
【よ】
四目《よんもく》ナカデ……48

聞《き》いたことのない言葉《ことば》が並《なら》びますが、本文《ほんぶん》をしっかり読《よ》んで覚《おぼ》えましょう。

第《だい》1章《しょう》

ハネツギをマスターしよう

「2線《せん》のキリトリ」

入門編《にゅうもんへん》では主《おも》に石《いし》の取《と》り方《かた》を学《まな》びました。実戦編《じっせんへん》ではさらによく使《つか》うテクニックを取《と》り上《あ》げます。ですがまずは、やはり石《いし》を取《と》るパターンの勉強《べんきょう》です。一局《いっきょく》の中《なか》に必《かなら》ず出《で》てくると言《い》ってもいいほどの、絶対《ぜったい》に大事《だいじ》なテーマです。

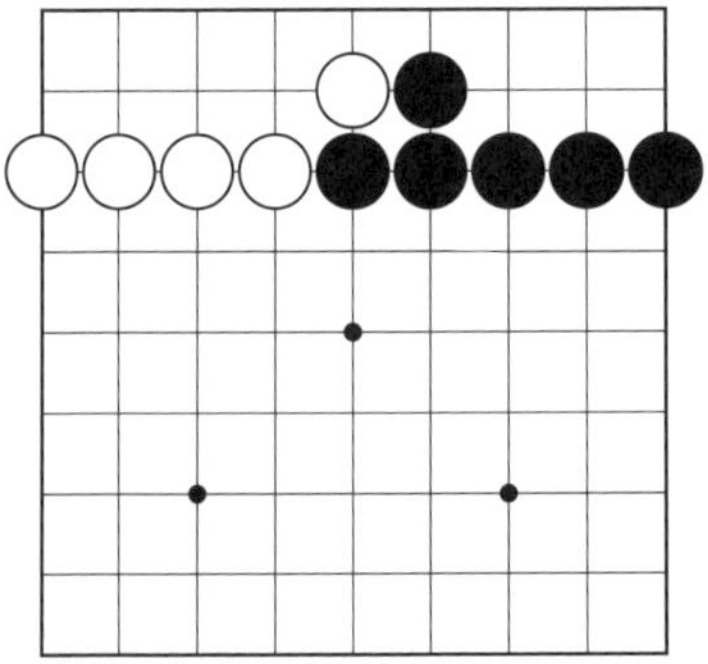

図1

図《ず》1で、黒《くろ》から白《しろ》を取《と》る手《て》があります。一手目《いってめ》は何《なん》となく想像《そうぞう》できそうな気《き》もしますね。

図《ず》2の黒《くろ》1に切《き》り、アタリにします。白《しろ》が2に逃《に》げても、黒《くろ》3から5で白《しろ》を取《と》れます。黒《くろ》3では4でも構《かま》いません。

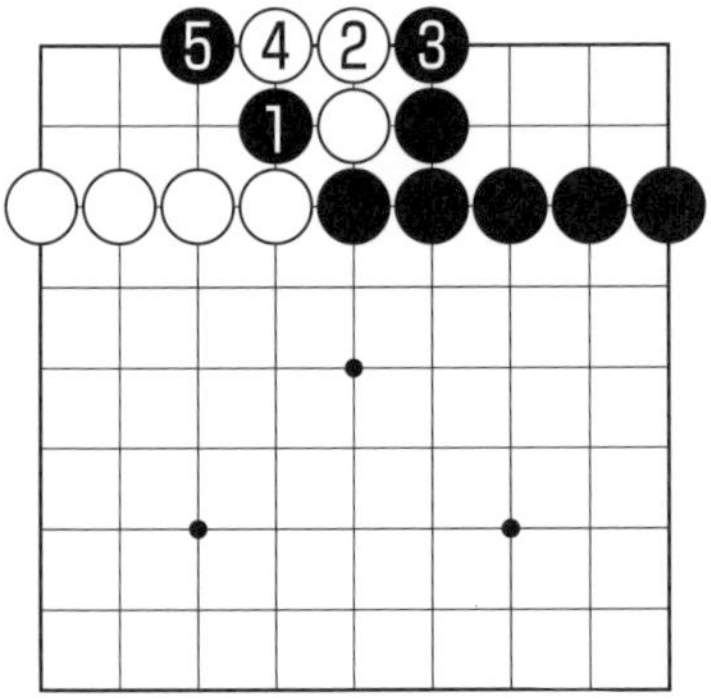

図2

白《しろ》としては、逃《に》げても大《おお》きく取《と》られるだけなら、最初《さいしょ》から逃《に》げない方《ほう》がよいのです。そこで実戦《じっせん》では図《ず》3の白《しろ》2と打《う》って、黒《くろ》3と取《と》らせることになります。その後《あと》、白《しろ》はどこか他《ほか》の場所《ばしょ》に打《う》ちます。黒《くろ》1、3のことを、「2線《せん》のキリトリ」と言《い》います。2線《せん》で「切《き》って」「取《と》る」ことからそう呼《よ》ばれます。

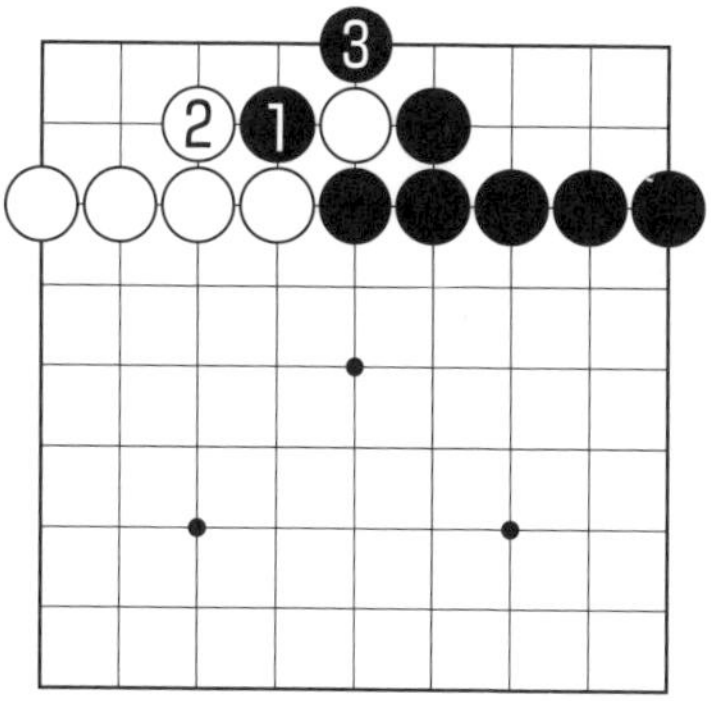

図3

図《ず》3の黒《くろ》3で、初心者《しょしんしゃ》のうちは図《ず》4の1に打《う》ってしまう例《れい》を時折《ときおり》見《み》かけます。損《そん》にならないケースもありますが、悪《わる》い打《う》ち方《かた》になることが多《おお》いです。石《いし》を取《と》れるときは図《ず》3の黒《くろ》3のように、すぐに取《と》り上《あ》げてしまいましょう。

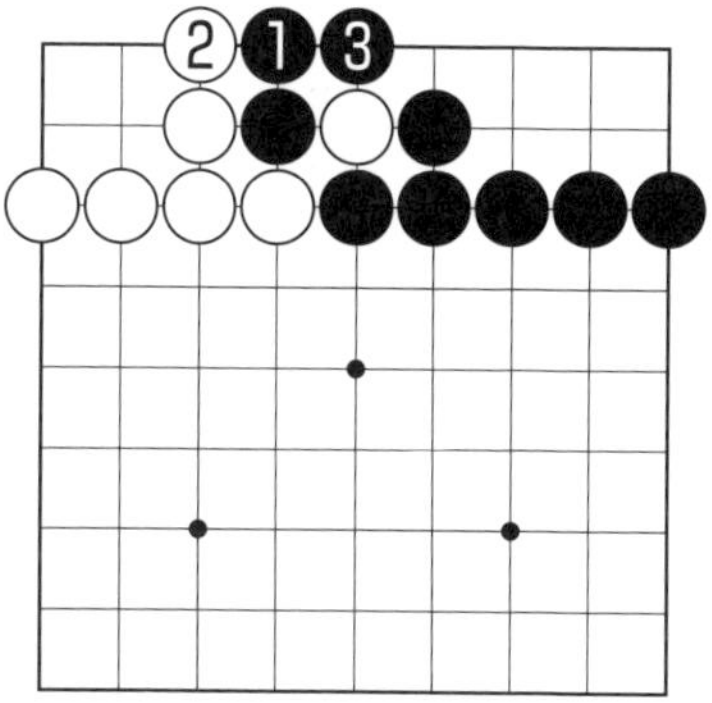

図4

2線《せん》の「ハネツギ」

図《ず》1の黒《くろ》1は、地《じ》を増《ふ》やす手《て》としてよく打《う》たれ、「ハネ」と言《い》います。白《しろ》が2に切《き》っても、黒《くろ》3で白《しろ》2を取《と》れるのは先《さき》ほど勉強《べんきょう》しましたね。黒《くろ》1のハネには図《ず》2の白《しろ》2に打《う》ちます。この白《しろ》の手《て》を「オサエ」と言《い》います。そして黒《くろ》は、次《つぎ》に白《しろ》3で取《と》られないように、忘《わす》れずに黒《くろ》3に「ツギ」ます。（図《ず》2を見《み》て下《くだ》さい。）

この1、3のことを「ハネツギ」と言《い》います。とてもよく出《で》てくる打《う》ち方《かた》なので、しっかり覚《おぼ》えておきましょう。

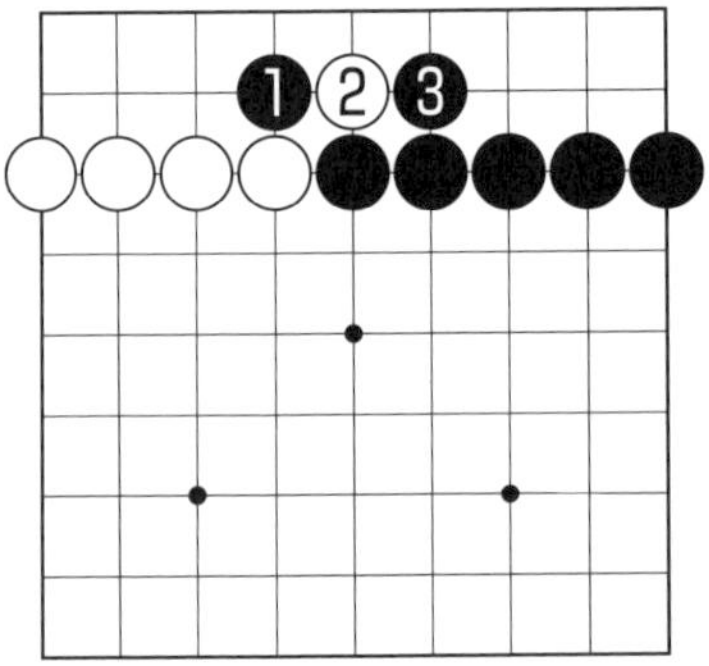

図1

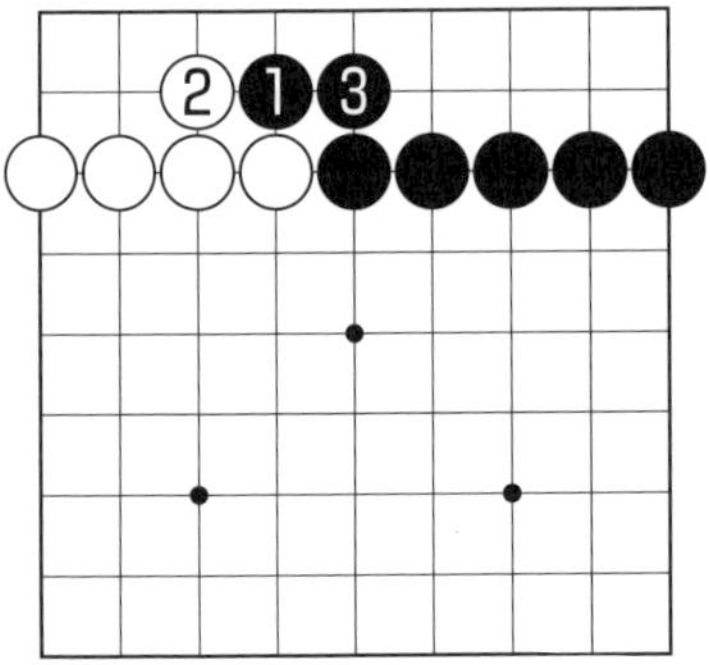

図2

図《ず》2の黒《くろ》3のツギを打《う》たず、図《ず》3のように、さらに黒《くろ》1とハネてしまうことが初心者《しょしんしゃ》の打《う》ち方《かた》でよくあります。しかしこれには白《しろ》2と切《き》る手《て》があり、黒《くろ》3にツイでも白《しろ》4で黒《くろ》が取《と》られる形《かたち》になります。図《ず》2のようにハネたらツグ、ということをきちんと身《み》につけることが大事《だいじ》です。

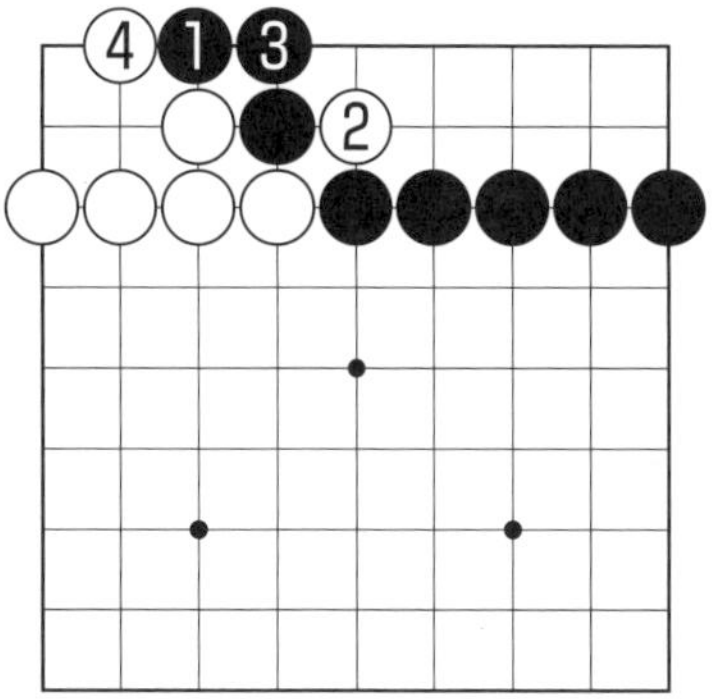

図３

黒《くろ》1に打《う》って、白《しろ》2のときに他《ほか》の場所《ばしょ》に打《う》ってしまうことも多《おお》いです。しかしそれも白《しろ》4で取《と》られてしまいます。黒《くろ》3で白《しろ》4の位置《いち》にツゲば無事《ぶじ》でした。

しかし基本《きほん》はやはり図《ず》2のハネツギです。2線《せん》だけでなく、他《ほか》でも応用《おうよう》できる大事《だいじ》な打《う》ち方《かた》です。

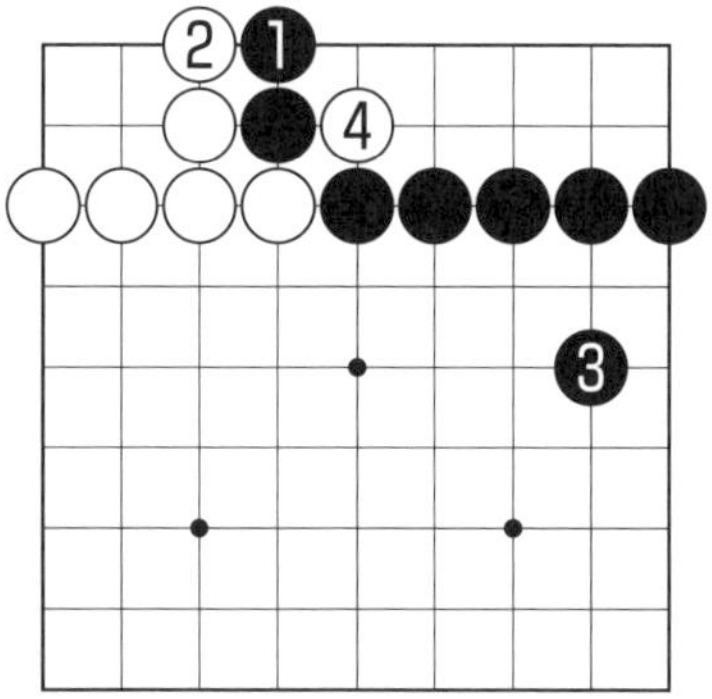

図４

ハネツグと地《じ》が増《ふ》える

16ページの初《はじ》めに、「地《じ》を増《ふ》やす手《て》としてよく打《う》たれ」、という表現《ひょうげん》があります。これを具体的《ぐたいてき》に見《み》てみましょう

図《ず》1は黒《くろ》からハネツイだ場合《ばあい》の図《ず》。右《みぎ》側《がわ》が黒地《くろじ》、左側《ひだりがわ》が白地《しろじ》ですが、はっきり黒地《くろじ》が多《おお》いですね。

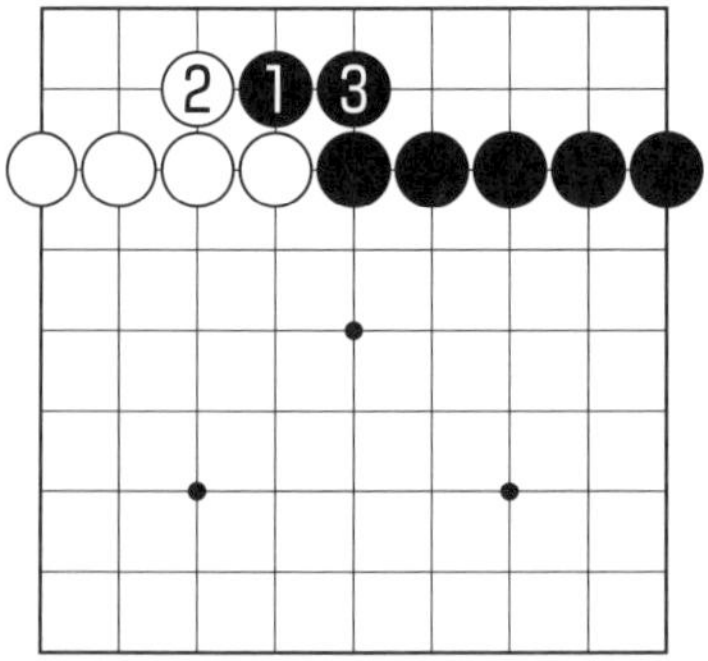

図1

図《ず》2は逆《ぎゃく》に白《しろ》からハネツイだ図《ず》。こうなると黒地《くろじ》と白地《しろじ》はだいたい同《おな》じくらいに見《み》えますね。

二つの図《ず》を比《くら》べてみると明《あき》らかなように、先《さき》にハネツイだ方《ほう》が自分《じぶん》の地《じ》を増《ふ》やし、相手《あいて》の地《じ》を減《へ》らすことができます。

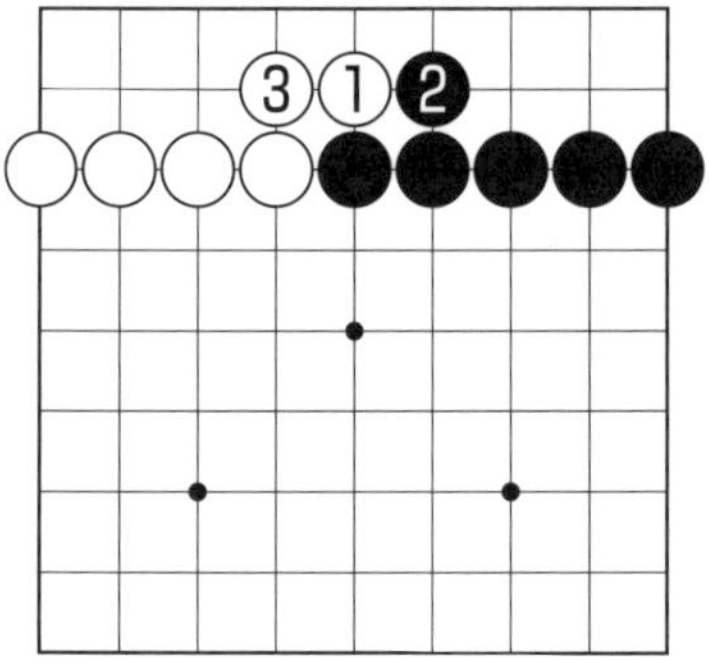

図2

参考《さんこう》までに、図《ず》3黒《くろ》1のハネの後《あと》、黒《くろ》3に打《う》つこともあります。場所《ばしょ》は違《ちが》いますが、これもツギの一種《いっしゅ》なのです。

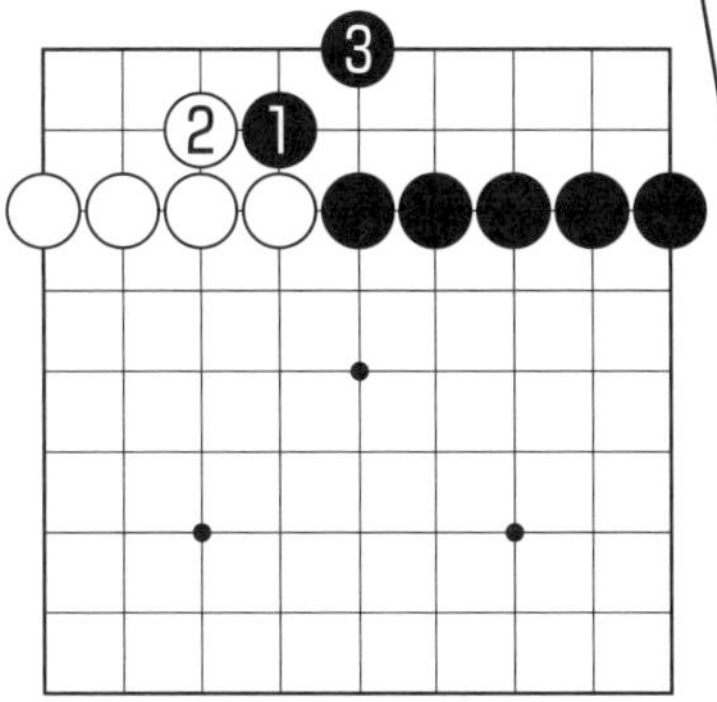

図3

念《ねん》のため、白《しろ》が1に打《う》っても黒《くろ》2で取《と》れますね。図《ず》3の黒《くろ》1のようなツギ方《かた》を、「カケツギ」と言《い》います。図《ず》1の黒《くろ》3は「ツギ」で正《ただ》しいのですが、「カケツギ」とはっきり区別《くべつ》したいときに「カタツギ」と言《い》うこともあります。

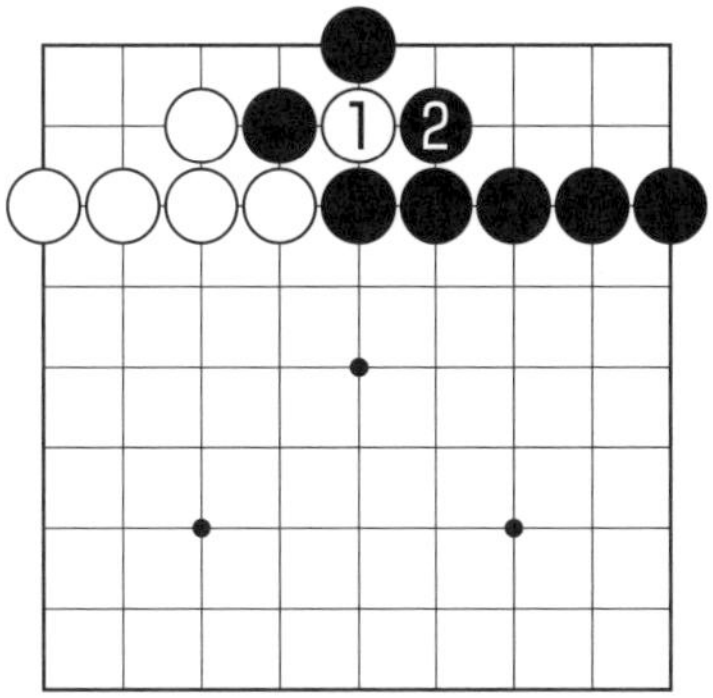

図4

1線《せん》の「ハネツギ」

図《ず》1の黒《くろ》1もハネです。白《しろ》が2に「オサエ」た時《とき》、黒《くろ》はアタリなので3にツギます。2線《せん》の場合《ばあい》と用語《ようご》は同《おな》じで、黒《くろ》1、3のことも「ハネツギ」と言《い》います。ここまでは全《まった》く変《か》わりません。

ところが2線《せん》の場合《ばあい》と違《ちが》うのが、図《ず》1の後《あと》、白《しろ》は4にツガなければいけない点《てん》です。ツガないと、どうなるでしょうか？

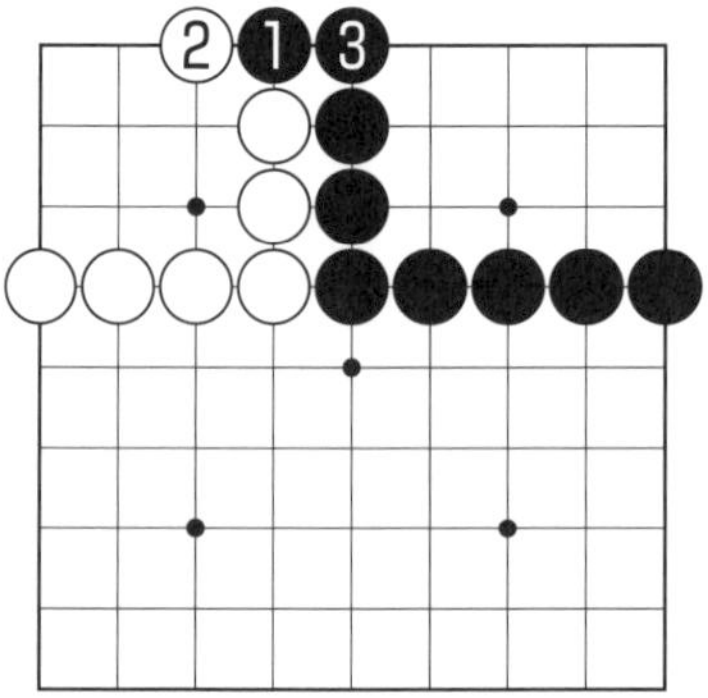

図1

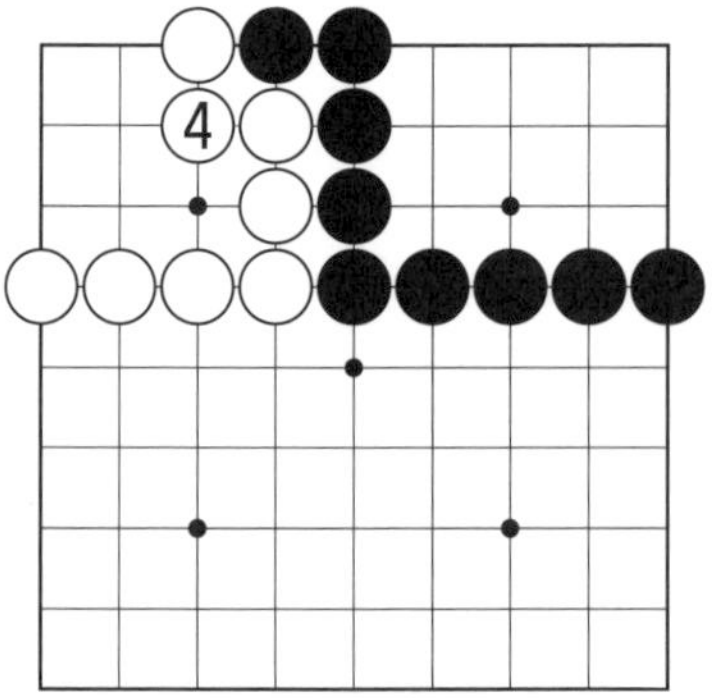

図2

図《ず》1のまま白《しろ》が放置《ほうち》してしまうと、黒《くろ》1に切《き》るのがよい手《て》です。アタリなので白《しろ》が2に逃《に》げてみても、黒《くろ》3とさらにアタリにして、5まで白《しろ》を取《と》ることができます。こうなると、石《いし》を取《と》られて地《じ》もなくなり、白《しろ》はとても悲《かな》しい姿《すがた》になります。

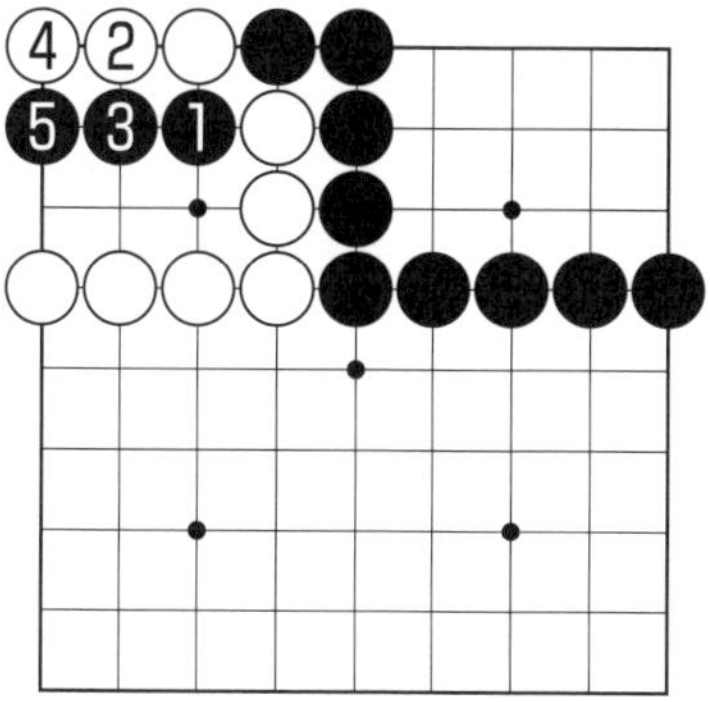

図3

白《しろ》が先《さき》に打《う》つ場合《ばあい》も白《しろ》1、3のハネツギです。黒《くろ》も4と忘《わす》れずにツイでおかなければいけません。

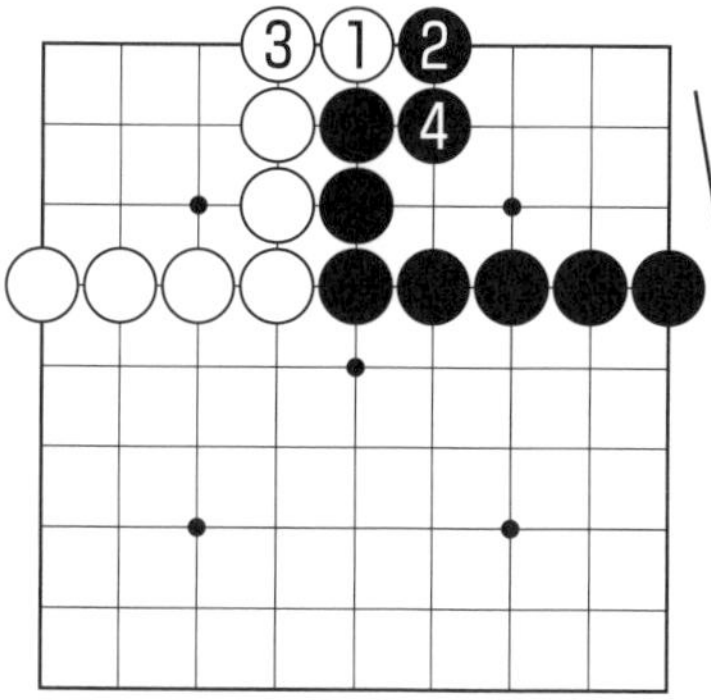

図4

黒白《くろしろ》どちらでも打《う》てるようにしよう。

ツガなくていいときもある

図《ず》1の黒《くろ》1、3は1線《せん》のハネツギです。そこで次《つぎ》に白《しろ》Aとツギたくなりますが、ちょっと待《ま》ってください。本当《ほんとう》にツグ必《ひつ》要《よう》がありますか？

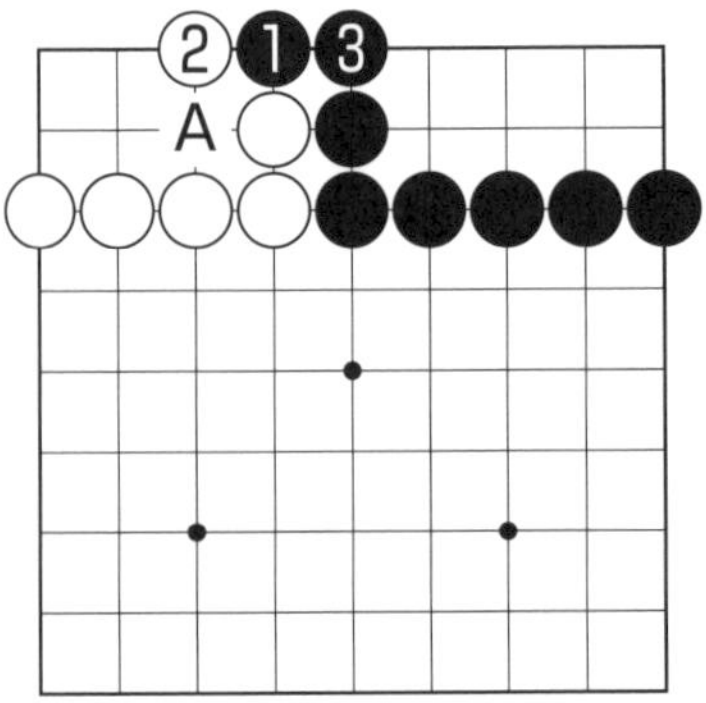

図1

白《しろ》は放《ほう》っておいて構《かま》いません。他《ほか》の打《う》ちたい場所《ばしょ》に打《う》ってしまいましょう。なぜなら、次《つぎ》に黒《くろ》に図《ず》2の1に打《う》たれても、白《しろ》2と取《と》ってしまえばいいからです。

ツギが必要《ひつよう》なのは切《き》られて困《こま》るから。困《こま》らないときはツガなくていいのです。

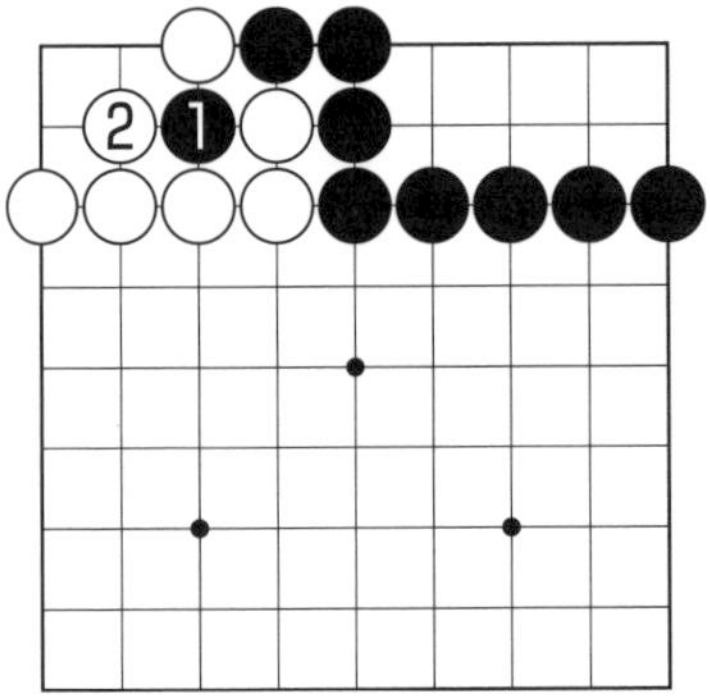

図2

図《ず》3もツガなくていい例《れい》です。白《しろ》1、3のハネツギに対《たい》して、黒《くろ》は他《ほか》の場所《ばしょ》に打《う》ってしまっても大丈夫《だいじょうぶ》です。

ちなみに、相手《あいて》の打《う》った手《て》に対《たい》して守《まも》らないで他《ほか》の場所《ばしょ》に打《う》つことを「手抜《てぬ》き」と言《い》います。普通《ふつう》は悪《わる》い意味《いみ》の言葉《ことば》ですが、囲碁《いご》ではよい作戦《さくせん》になります。手抜《てぬ》きできるときは思《おも》い切《き》って手抜《てぬ》きをしてみましょう。

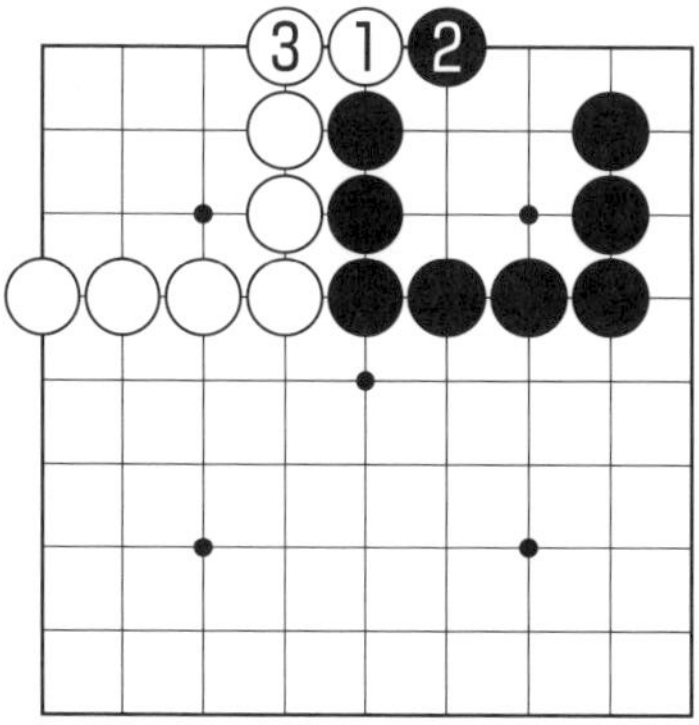
3
1
2
図3

白《しろ》に1と切《き》られても黒《くろ》2に逃《に》げ、白《しろ》3には黒《くろ》4で黒《くろ》は取《と》られません。このように取《と》られない場合《ばあい》は、わざわざツグ必要《ひつよう》はないのです。

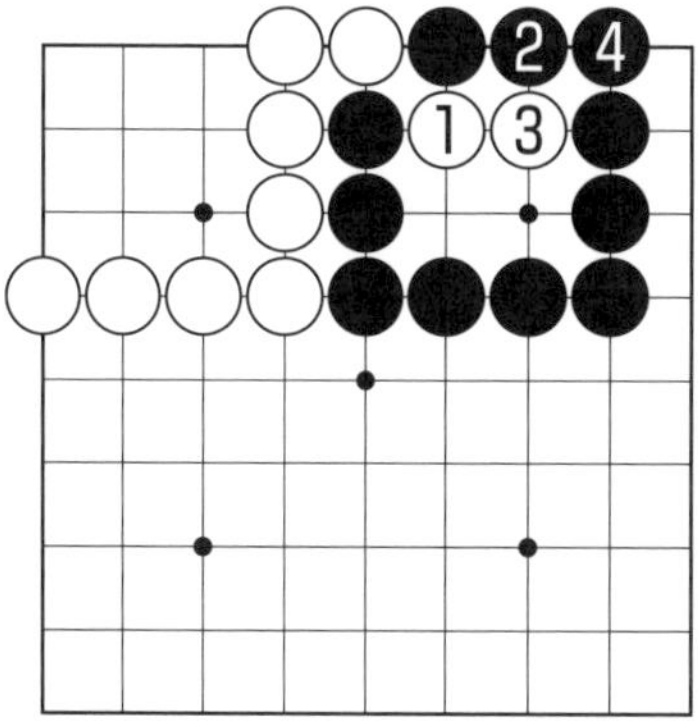
2
4
1
3
図4

学校《がっこう》の授業《じゅぎょう》は「手抜《てぬ》き」してはいけませんよ。

練習問題《れんしゅうもんだい》　ハネツギ

問題《もんだい》①

白番《しろばん》です。２線《せん》のハネツギを打《う》ってみましょう。向《む》きが変《か》わると混乱《こんらん》しやすいですが、やることは同《おな》じです。

（答《こたえ》はＰ26にあります）

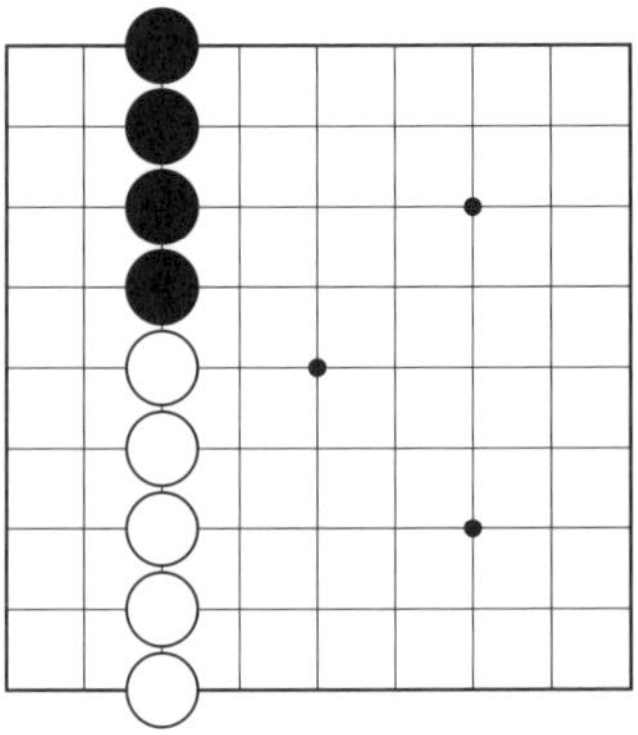

問題《もんだい》②

白《しろ》1から1線《せん》のハネツギを打《う》とうとしていますが、これは何《なに》か違《ちが》ったような……？　黒《くろ》はどうしますか？

（答《こたえ》はＰ26にあります）

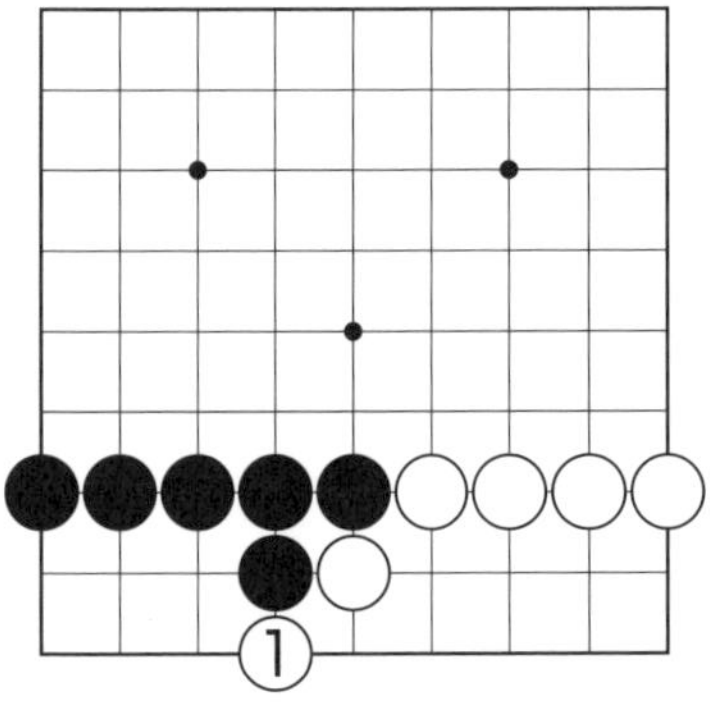

問題《もんだい》③
黒番《くろばん》です。次《つぎ》の一手《いって》はA、Bどちらでしょうか？
（答《こたえ》はP27にあります）

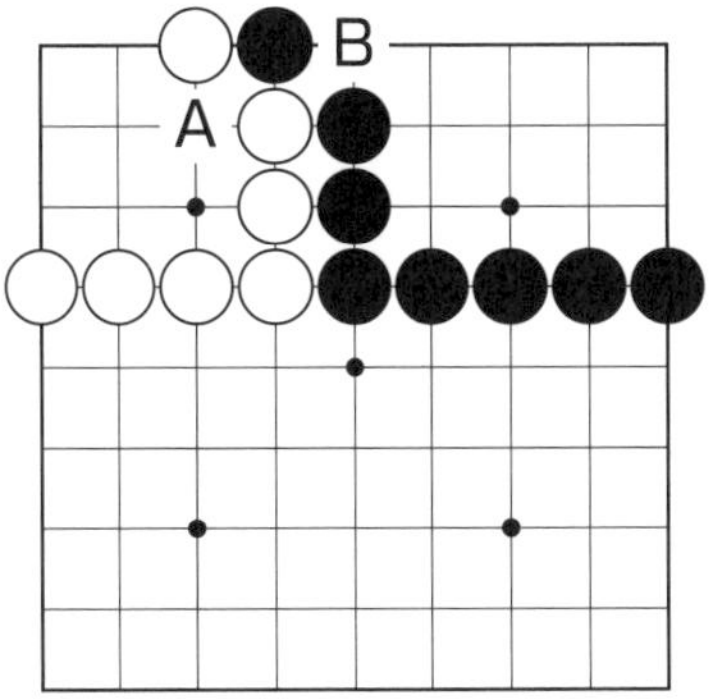

ヒントは「ハネツギ」です。

問題《もんだい》④
白《しろ》から1、3とハネツイだ場面《ばめん》です。
黒《くろ》はツグ必要《ひつよう》がありますか？
（答《こたえ》はP27にあります）

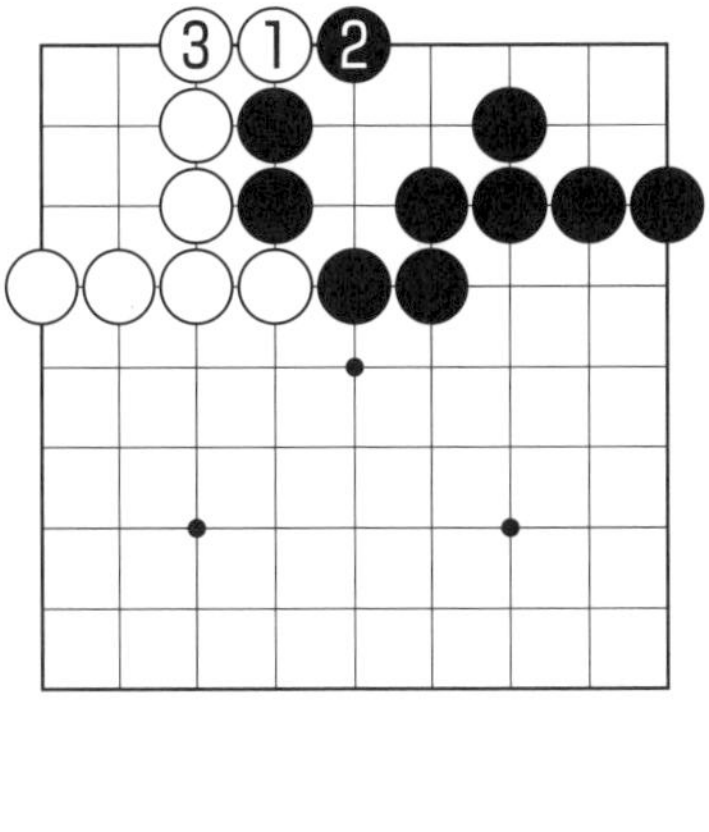

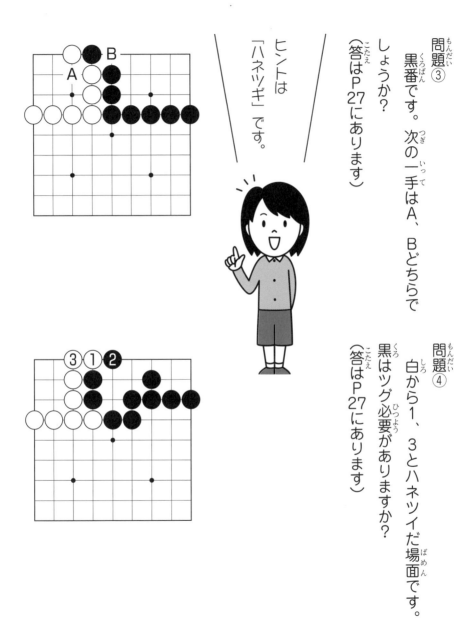

練習問題《れんしゅうもんだい》　ハネツギ　答《こた》え

答《こた》え①

白《しろ》1、3でハネツギの完成《かんせい》です。黒《くろ》はこのままで手抜《てぬ》きして、他《ほか》に打《う》ちたい場所《ばしょ》に打《う》ちます。

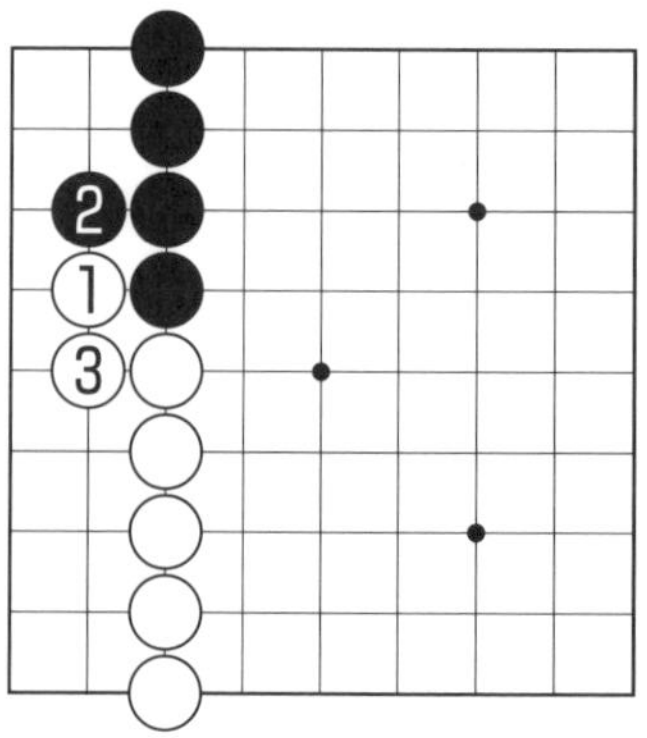

答《こた》え②

いきなり黒《くろ》1に切《き》ってしまいます。白《しろ》が2にツイでも、黒《くろ》3で取《と》れます。問題《もんだい》図《ず》の白《しろ》1は無理《むり》な手《て》でしたね。

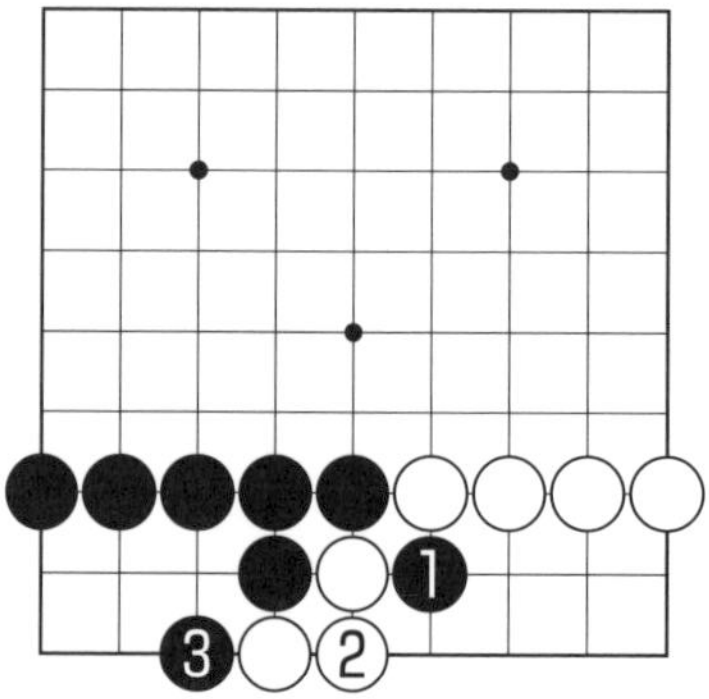

答《こた》え③

もちろん黒《くろ》1（B）にツガなければいけません。すると次《つぎ》に黒《くろ》2のキリがあるので、白《しろ》も2にツグことになります。先《さき》に黒《くろ》2（A）と切《き》るのは先《さき》を急《いそ》ぎ過《す》ぎで、白《しろ》に1に打《う》たれて取《と》られてしまいます。

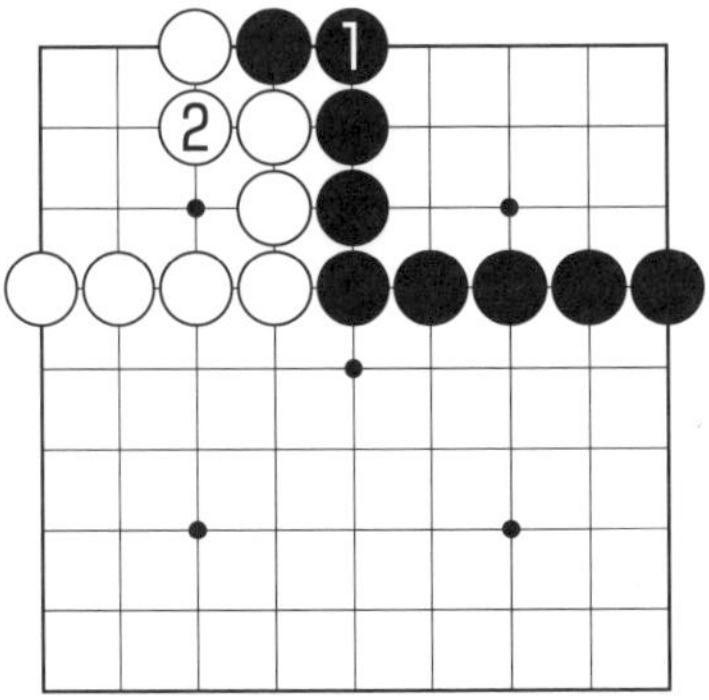

答《こた》え④

黒《くろ》1のツギが必要《ひつよう》です。手抜《てぬ》きをすると白《しろ》1に切《き》られて、Aの2個《こ》とBの黒《くろ》が両《りょう》アタリにされてしまいます。

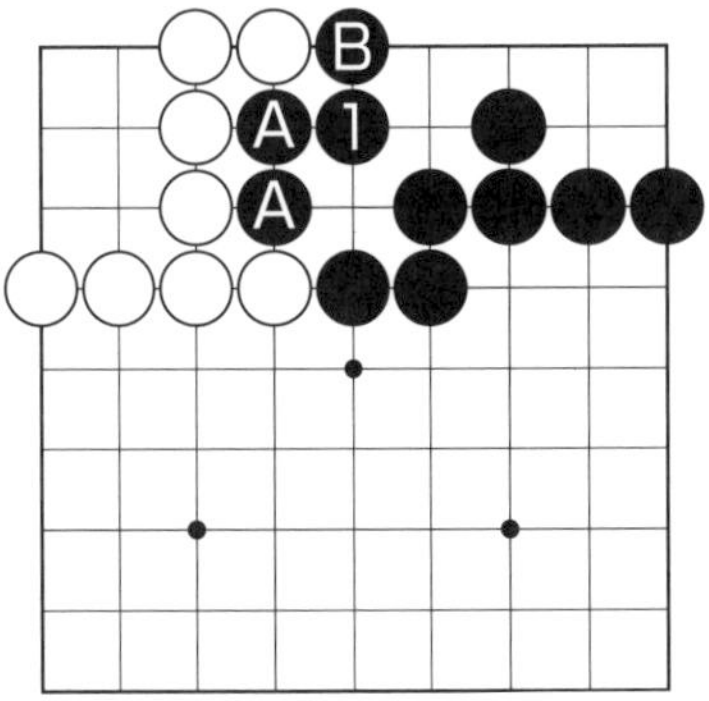

勝負《しょうぶ》を互角《ごかく》にするための「コミ」

実《じつ》は囲碁《いご》は、先《さき》に打《う》つ黒《くろ》が有利《ゆうり》なゲームです。そこで勝負《しょうぶ》を対等《たいとう》にするために、最後《さいご》に地《じ》を数《かぞ》えた後《あと》で、白地《しろじ》に6目半《もくはん》(6・5目《もく》のことですが、囲碁《いご》では6目半《もくはん》という言《い》い方《かた》をします)を足《た》して、黒地《くろじ》とどちらが大《おお》きいかを比《くら》べるのが一般的《いっぱんてき》です。この最後《さいご》に足《た》す6目《もく》半《はん》のことを、「コミ」と言《い》います。例《たと》えば黒地《くろじ》が25目《もく》、白地《しろじ》が20目《もく》とすると黒《くろ》が5目《もく》勝《か》ちなのですが、コミを加《くわ》えると逆《ぎゃく》に白《しろ》が1目半《もくはん》勝《か》ちになるのです。

半《はん》、というのがついているのは、引《ひ》き分《わ》け(ジゴ)にならないようにするためです。プロ棋士《きし》の公式戦《こうしきせん》では、以前《いぜん》はコミがないものもありましたが、現在《げんざい》はすべてコミ6目半《もくはん》で行《おこ》われています。

なお、今《いま》までお話《はな》ししたコミ6目半《もくはん》は19路盤《ろばん》でのものです。9路盤《ろばん》はかなり小《ちい》さいのでコミはもっと小《ちい》さくなるかな、という気《き》もしますが、意外《いがい》にも9路盤《ろばん》でもコミは6目半《もくはん》がちょうど対等《たいとう》の勝負《しょうぶ》になるようだと知《し》られています。囲碁《いご》の不思議《ふしぎ》なところですね。

第《だい》2章《しょう》

石《いし》の生《い》き死《し》に

●生《い》きている石《いし》

生《い》きている石《いし》、というのは囲碁用語《いごようご》で、絶対《ぜったい》に取《と》られない石《いし》のことを指《さ》します。たとえば図《ず》1の白《しろ》は生《い》きています。AとBが黒《くろ》にとって着手禁止点《ちゃくしゅきんしてん》で、両方同時《りょうほうどうじ》に黒《くろ》が打《う》てない以上《いじょう》、絶対《ぜったい》に白《しろ》を取《と》り上《あ》げることはできないのです。

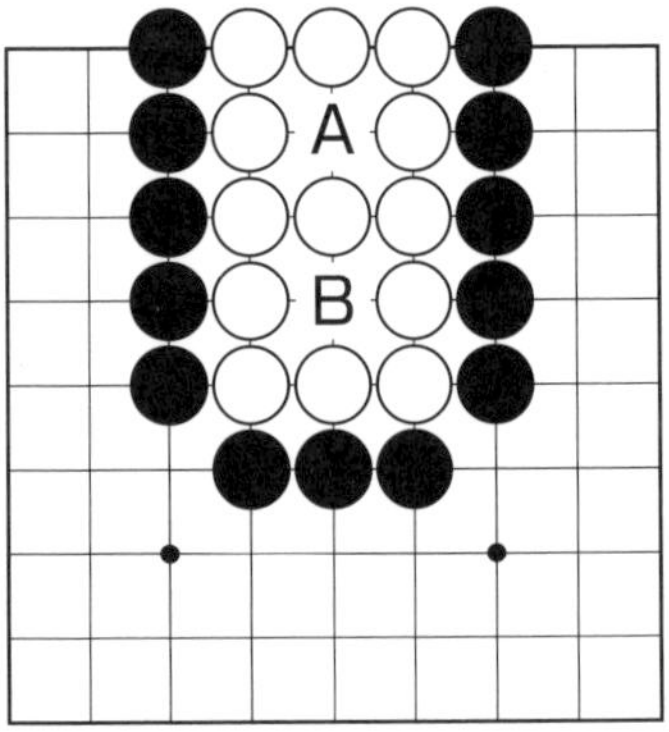

図1

図《ず》2の白《しろ》も生《い》きています。黒《くろ》から白《しろ》を取《と》り上《あ》げられないことを確《たし》かめてみましょう。図《ず》1や図《ず》2で見《み》た、相手《あいて》が入《はい》れない着手禁止点《ちゃくしゅきんしてん》のことを「眼《め》」と言《い》います。眼《め》が二《ふた》つ以上《いじょう》あれば、石《いし》は生《い》きていて絶対《ぜったい》に取《と》られません。ちなみに、同《おな》じことを「二眼あれば生《い》き」とも言《い》いますが、この場合《ばあい》は「にがん」と読《よ》みます。

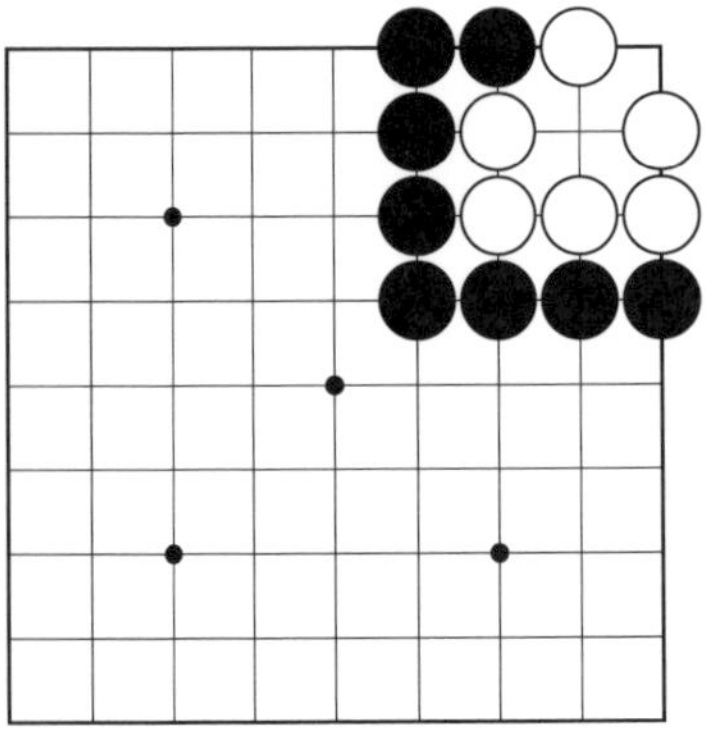
図2

黒番《くろばん》です。どこに打《う》てば生《い》きている石《いし》にできるでしょうか？

眼《め》を二《ふた》つにするのがポイントだったかなあ？

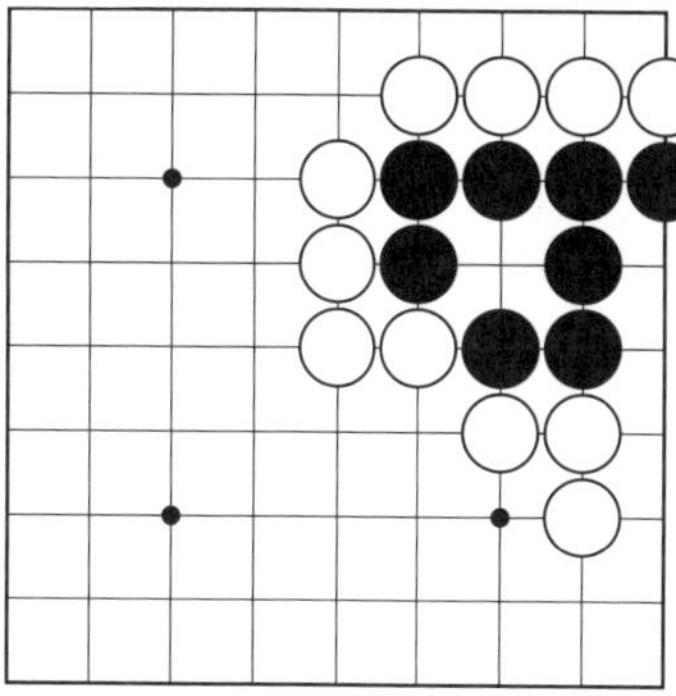

図3

黒《くろ》1が正解《せいかい》です。眼《め》が二《ふた》つできて、絶対《ぜったい》に白《しろ》に取《と》られません。

　次《つぎ》のページからは、逆《ぎゃく》に「死《し》んでいる石《いし》」を取《と》り上げます。生《い》きているとか死《し》んでいるとか、少《すこ》しびっくりする表現《ひょうげん》ですが、囲碁《いご》ではよく使《つか》いますので慣《な》れていきましょう。

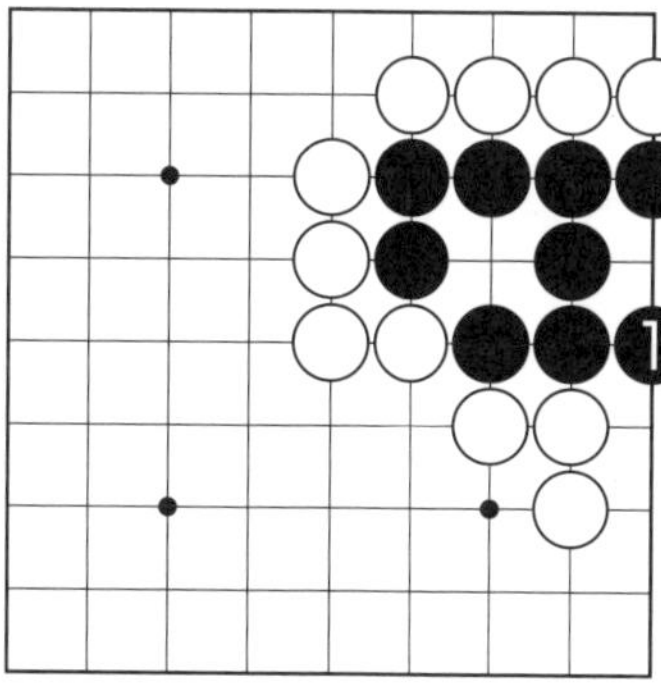
1

図4

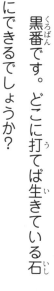

死《し》んでいる石《いし》

図《ず》1の白《しろ》は、次《つぎ》に黒《くろ》がAに打《う》てば取《と》ることができます。しかし黒《くろ》は、すぐにAに打《う》たなくても構《かま》いません。そのままにしておいても、いつでも好《す》きな時《とき》に取《と》れるからです。こうなったら、白《しろ》は助《たす》かる見込《みこ》みはありません。このような石《いし》を「死《し》んでいる石《いし》」と言《い》います。

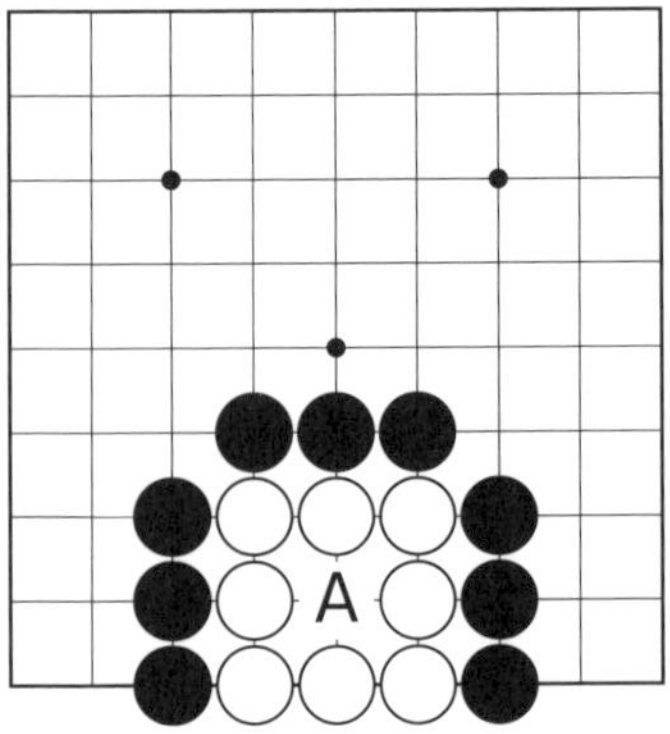

図1

図《ず》2の白《しろ》も死《し》んでいます。気《き》が向《む》いた時《とき》に黒《くろ》がAに置《お》いていけば、図《ず》1の形《かたち》にできるからです。

図《ず》1と図《ず》2の白《しろ》は、眼《め》が一《ひと》つしかありません。つまり眼《め》が二《ふた》つできない石《いし》は死《し》んでいるのです。

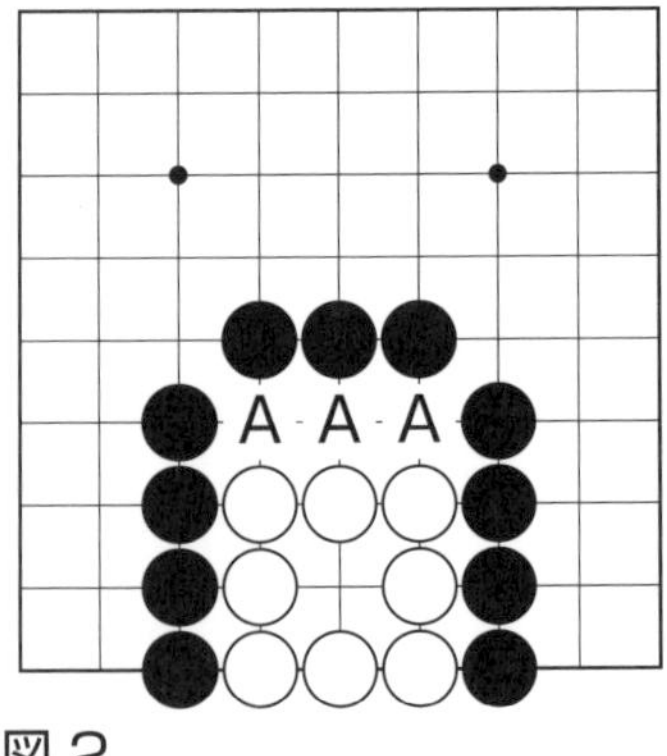

図2

図《ず》3の白《しろ》は眼《め》が一《ひと》つしかありませんが、次《つぎ》に白《しろ》がAに打《う》てば包囲《ほうい》されなくなるのでまだ死《し》んでいません。黒《くろ》がAに打《う》てば白《しろ》は死《し》んでいます。

ちなみに、相手《あいて》の石《いし》を死《し》んでいる石《いし》にすることを「殺《ころ》す」と言《い》い、囲碁《いご》ではよく使《つか》います。相手《あいて》の石《いし》を殺《ころ》すには、まずしっかり包囲《ほうい》できているか確《たし》かめることが大事《だいじ》です。

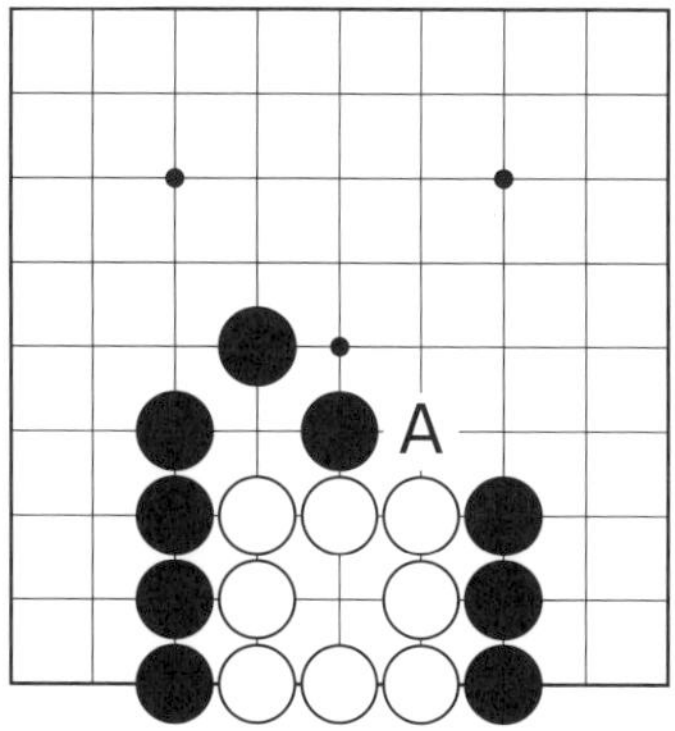

図3

図《ず》4は入門編《にゅうもんへん》50ページの図《ず》です。△の石《いし》は「死《し》んでいる石《いし》」と書《か》きましたが、これは△は逃《に》げ出《だ》すことも2眼作《がんつく》ることもできないからです。

図《ず》1、図《ず》2、図《ず》4のような「死《し》んでいる石《いし》」は、終局《しゅうきょく》して地《じ》を数《かぞ》えるときに、そのまま取《と》り上《あ》げてアゲハマと一緒《いっしょ》に相《あい》手《て》の地《じ》をうめるのに使《つか》います。

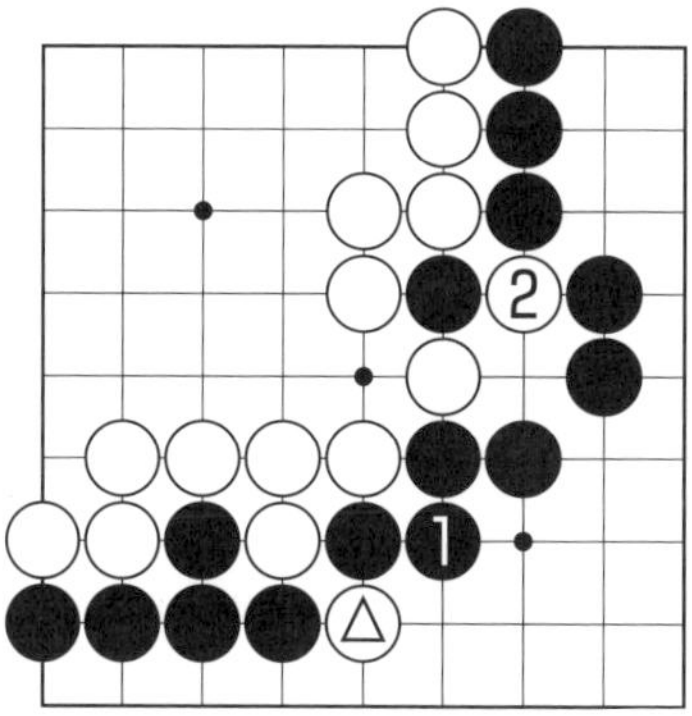

図4

二《に》目《もく》でも死《し》に

図《ず》1の白《しろ》は生《い》きているでしょうか、それとも死《し》んでいるでしょうか？　着手禁《ちゃくしゅきん》止点《してん》が二《ふた》つあれば生《い》きるのですが……。

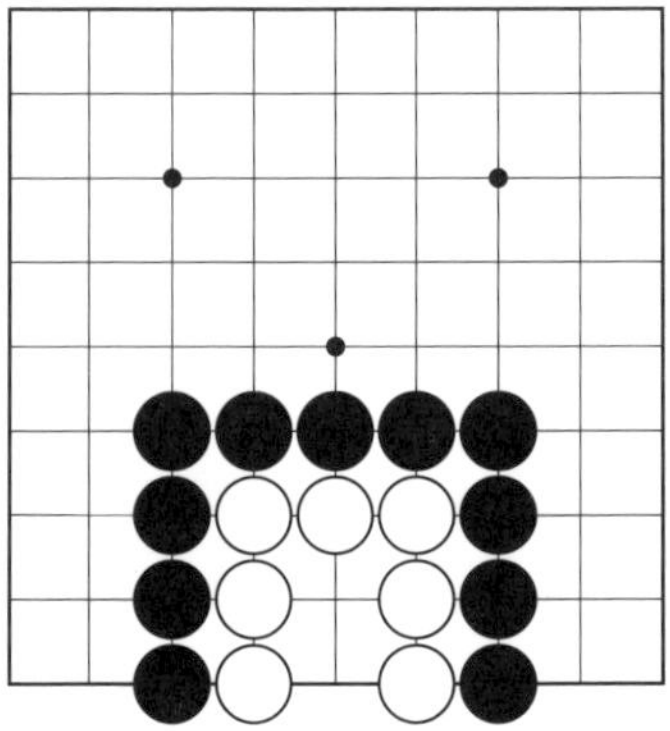

図1

黒《くろ》は好《す》きな時《とき》に1に打《う》って白《しろ》をアタリにすることができます。ということは、この白《しろ》はすでに死《し》んでいる石《いし》なのです。地《じ》のスペースが二目《にもく》あっても、二眼《にがん》あることにはなりません。図《ず》1、図《ず》2の白《しろ》には眼《め》が一《ひと》つしかないのです。

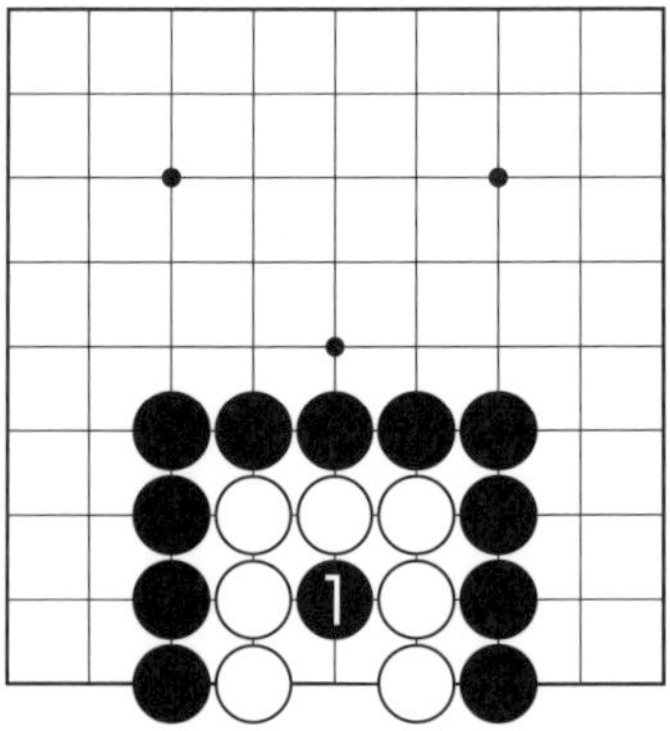

図2

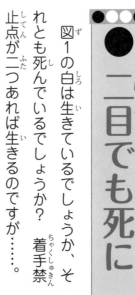

図《ず》3の白《しろ》を殺《ころ》すには、黒《くろ》はどこに打《う》てばよいでしょうか？　白《しろ》に二眼《にがん》を作《つく》らせないポイントは一《ひと》つですよ。

白《しろ》が二眼《にがん》を作《つく》れるところはどこかな？

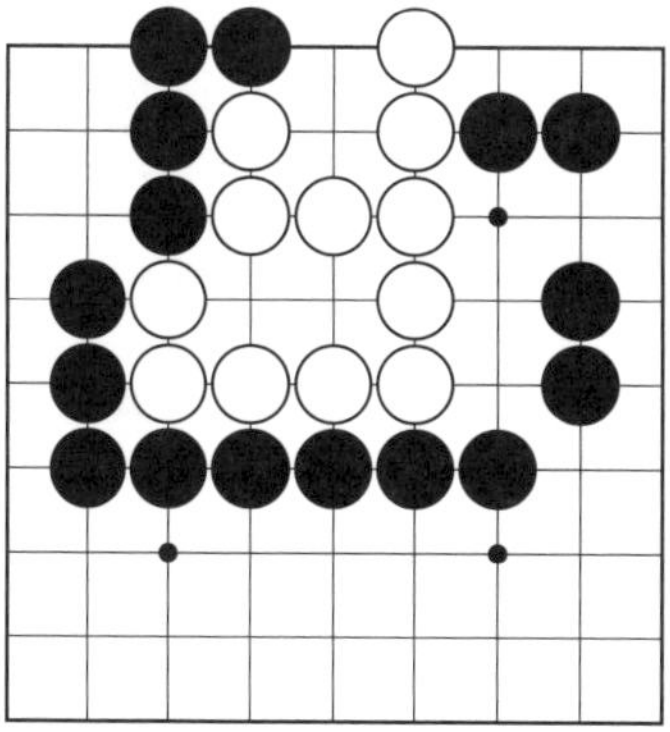

図3

黒《くろ》1で白《しろ》には一眼《いちがん》しかなく、死《し》んでいます。もし黒《くろ》がAなどに打《う》ってしまうと、白《しろ》は1に打《う》てば眼《め》がもう一《ひと》つできて生《い》きることができます。

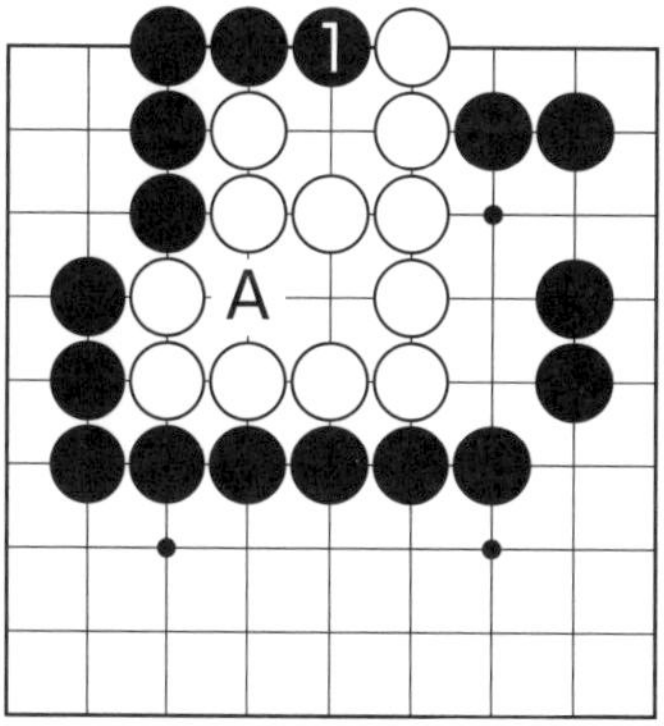

図4

●「カケ眼《め》」

図《ず》1の白《しろ》は眼《め》が二《ふた》つあって生《い》きているように見《み》えます。たしかに今《いま》すぐには黒《くろ》が打《う》てない場所《ばしょ》が二《ふた》つあるのですが……。

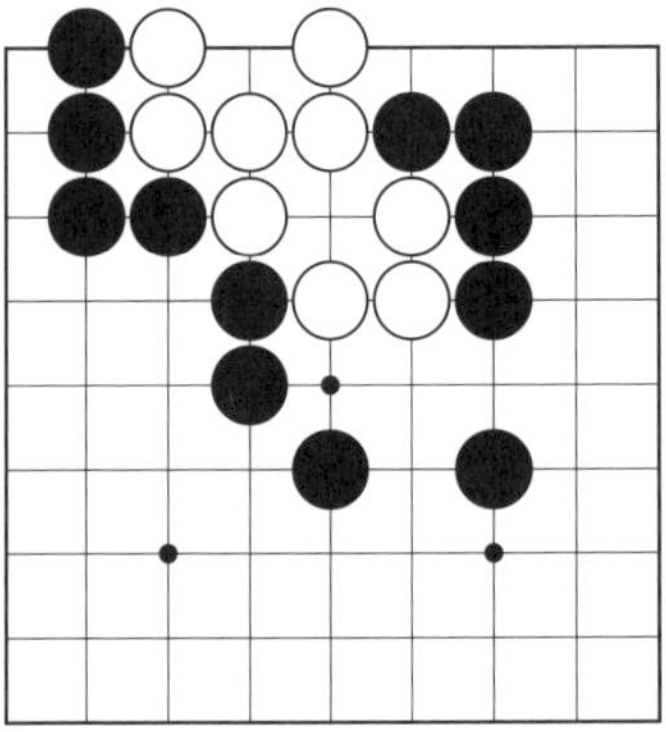

図1

後《あと》で黒《くろ》が△に置《お》いていけば、Aは黒《くろ》から打《う》てる場所《ばしょ》になってしまいます。ということは白《しろ》の眼《め》は一《ひと》つしかなく、死《し》んでいるのです。このように、眼《め》のようでもいつかは相手《あいて》が打《う》つことができるようになる場所《ばしょ》のことを「カケ眼《め》」と言《い》います。カケ眼《め》は眼《め》になりません。

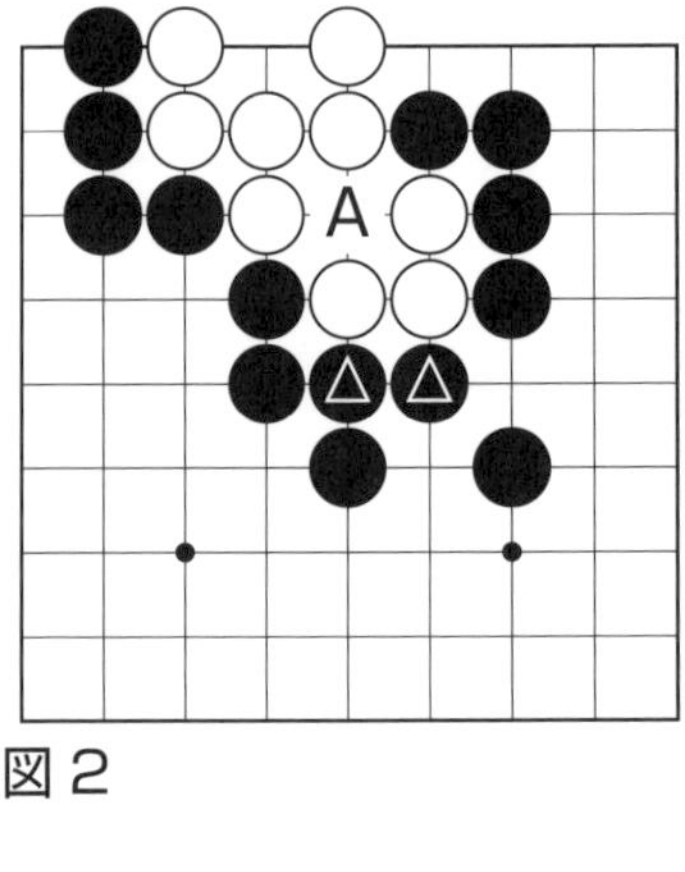

図2

図《ず》3の黒《くろ》はまだ生《い》きていません。白《しろ》が正《ただ》しい場所《ばしょ》に打《う》てば、カケ眼《め》にして黒全《くろぜん》体《たい》を殺《ころ》せるのですが、どこに打《う》てばよいでしょうか？

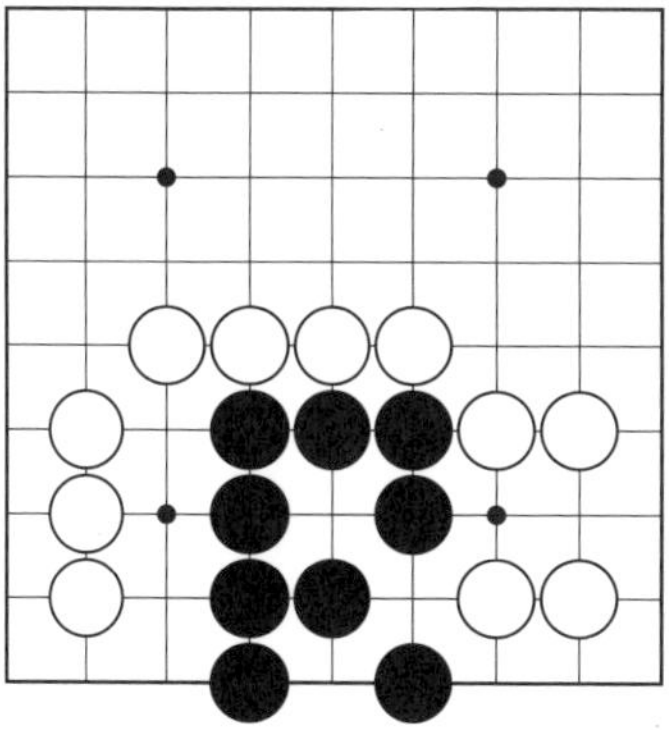
図3

白《しろ》1が正解《せいかい》です。ここに打《う》つと、Aの場所《ばしょ》は、いずれ白《しろ》がBに打《う》つと白《しろ》から打《う》てる場所《ばしょ》になり、カケ眼《め》です。そうすると黒《くろ》の眼《め》は一《ひと》つしかないことになります。

眼《め》かカケ眼《め》かの判別《はんべつ》は、慣《な》れるまでは難《むずか》しいものです。実際《じっさい》にやってみながら何《なん》となくコツをつかんでいくのがいいでしょう。

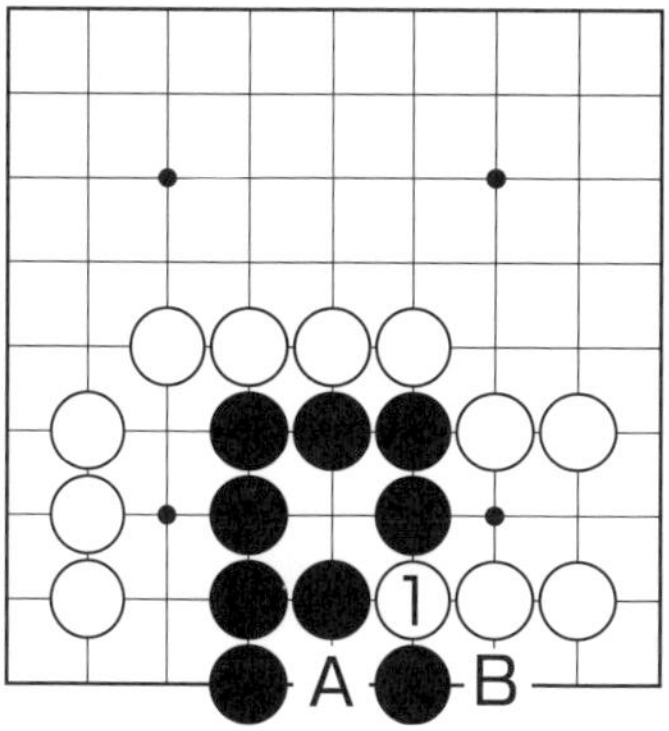

図4

「ウチカキ」

白《しろ》が1線《せん》のハネツギをした図《ず》です。こうなると白《しろ》は眼《め》が二《ふた》つできて、生《い》きています。

ところがこのケースでは、白《しろ》1のハネは悪手《あくしゅ》なのです。

図《ず》1の黒《くろ》2で1に打《う》つのがすばらしい一手《いって》です。もちろん白《しろ》は2に取《と》りますね。その後《あと》の出来上《できあ》がり図《ず》を次《つぎ》に見《み》てみましょう。

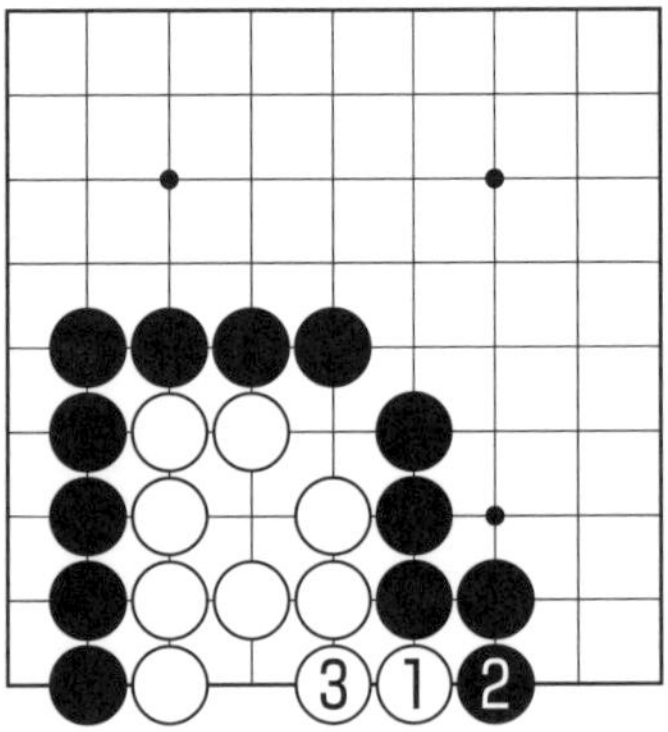

図1

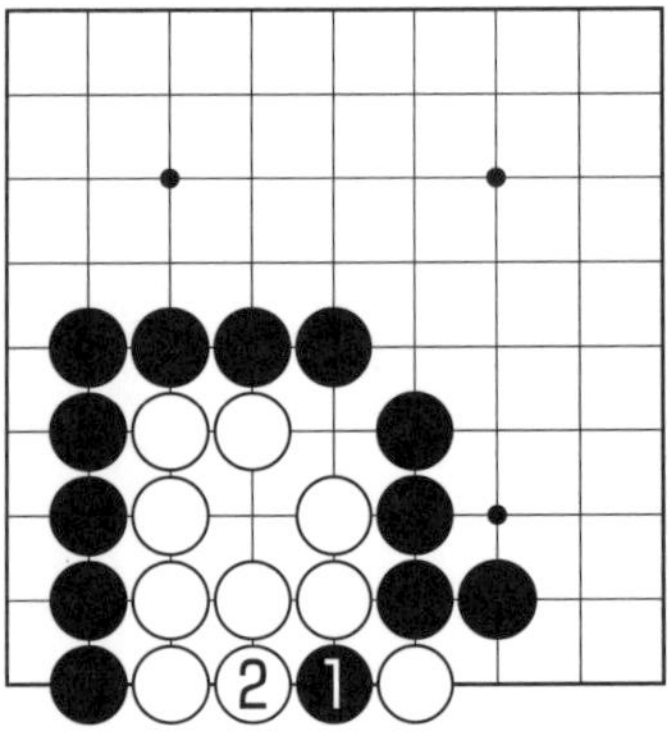

図2

図《ず》2の結果《けっか》、図《ず》3のようになりますが、よく見《み》るとAの場所《ばしょ》はカケ眼《め》です。すると白《しろ》は一眼《いちがん》しかなく、死《し》んでしまいました。黒《くろ》はこれ以上何《いじょうなに》も打《う》たなくても、白《しろ》は死《し》んでいます。

図《ず》2の黒《くろ》1のように、わざと石《いし》を取《と》らせてカケ眼《め》にする手《て》のことを「ウチカキ」と言《い》います。ウチカキは相手《あいて》の石《いし》を殺《ころ》すための重要《じゅうよう》なテクニックです。

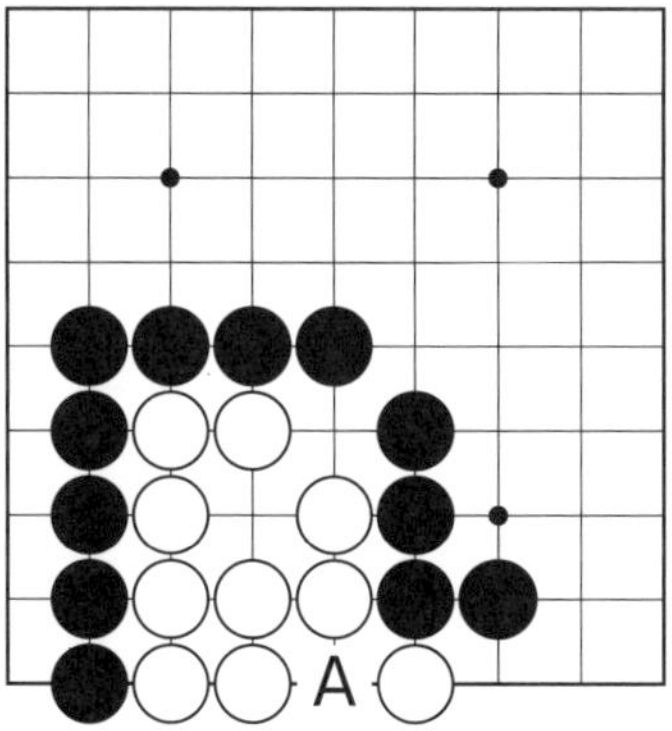

図3

そもそも図《ず》1の白《しろ》1で、図《ず》4白《しろ》1に打《う》っておけば完全《かんぜん》に二眼《にがん》あって生《い》きていたのです。石《いし》が生《い》きるか死《し》ぬかの瀬戸際《せとぎわ》では、きちんと眼《め》を作《つく》ることが大事《だいじ》ですね。

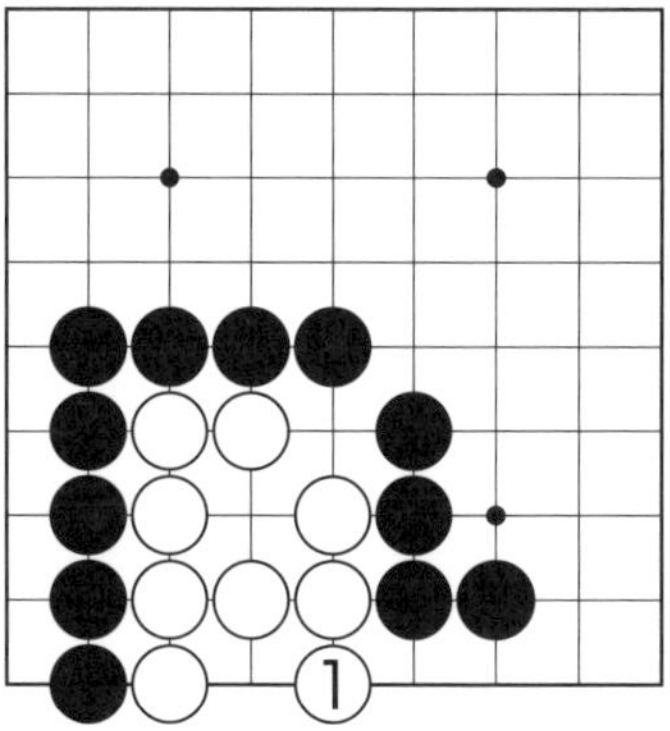

図4

今《いま》までの応用《おうよう》で、図《ず》5の黒《くろ》1という手《て》が思《おも》いつくようになるとすごいですね。わざわざ2個《こ》も取《と》られてしまうだけに見《み》えますが、それだけではないですよ。

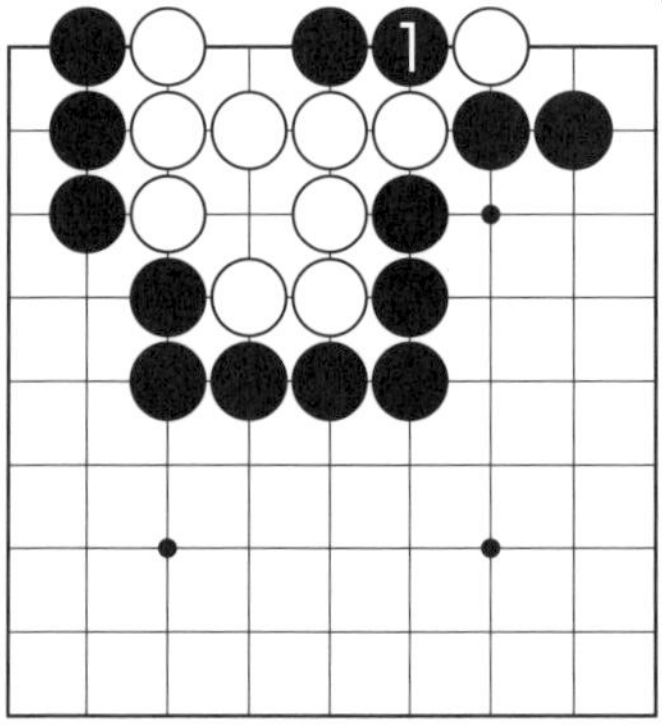

図5

白《しろ》が2で黒《くろ》2個《こ》を取《と》り上げましたが、そこでさらに黒《くろ》3のウチカキです！　すると全体《ぜんたい》の白《しろ》が死《し》んでしまったではありませんか。

図《ず》5はかなり高度《こうど》なテクニックになりますが、実戦《じっせん》でもよく出《で》てきます。チャンスがあれば打《う》ってみたいですね！

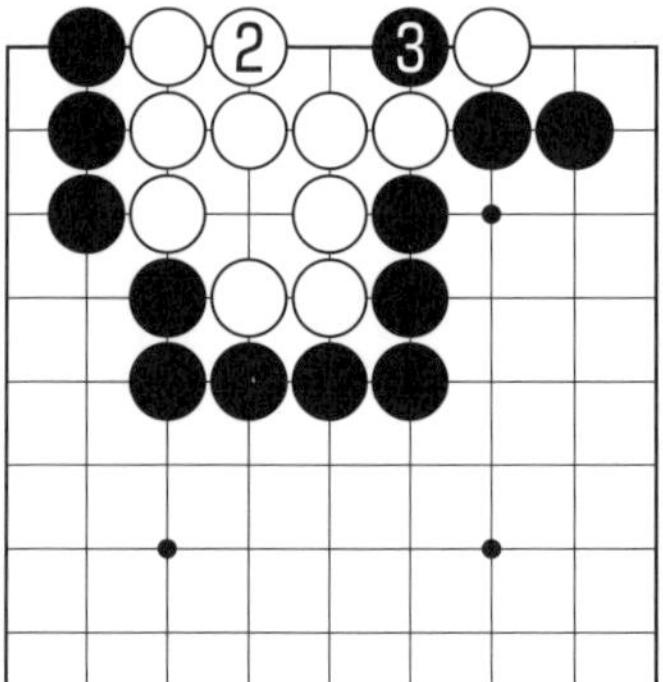

図6

第《だい》2章《しょう》のまとめ問題《もんだい》①②

問題《もんだい》①

黒《くろ》から白《しろ》を殺《ころ》す手《て》を見《み》つけてください。二眼《にがん》ありそうでも、その一《ひと》つはまだはっきりしてないですね。

（答《こたえ》はP42にあります）

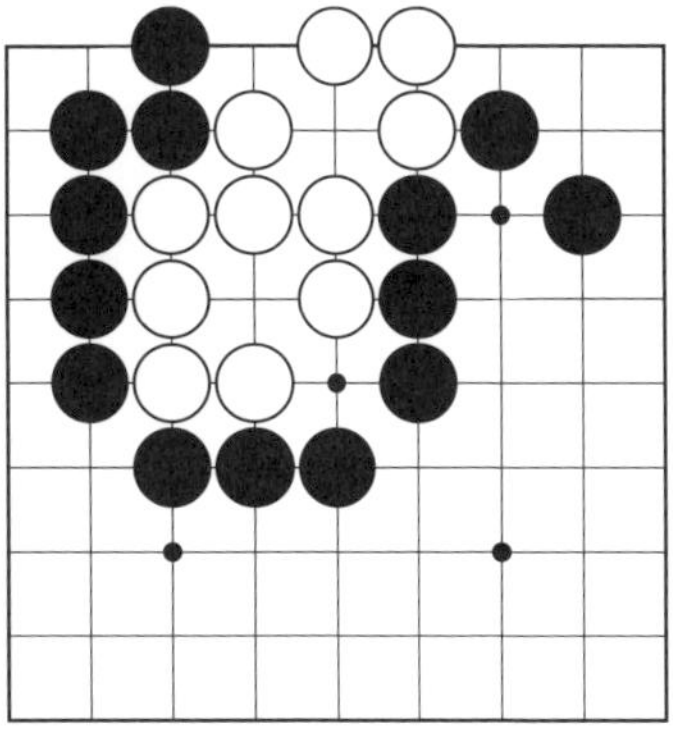

問題《もんだい》②

黒番《くろばん》で白《しろ》を取《と》る問題《もんだい》です。打《う》つポイントは限《かぎ》られているので、落《お》ち着《つ》いて考《かんが》えれば見《み》つかるはずですよ。

（答《こたえ》はP42にあります）

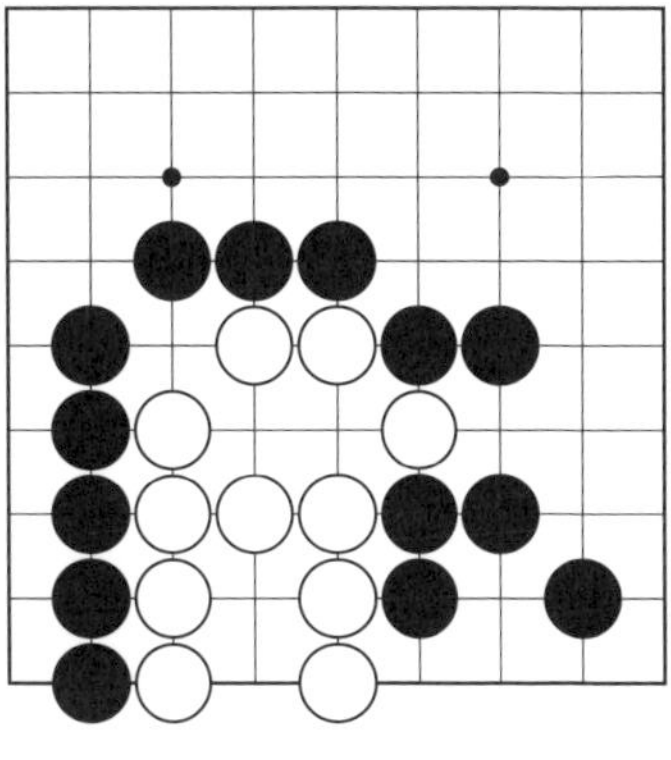

第《だい》2章《しょう》のまとめ問題《もんだい》　答《こた》え①②

答《こた》え①

黒《くろ》1でAをカケ眼《め》にできます。すると白《しろ》には一眼《いちがん》しかないことになり、死《し》んでいます。

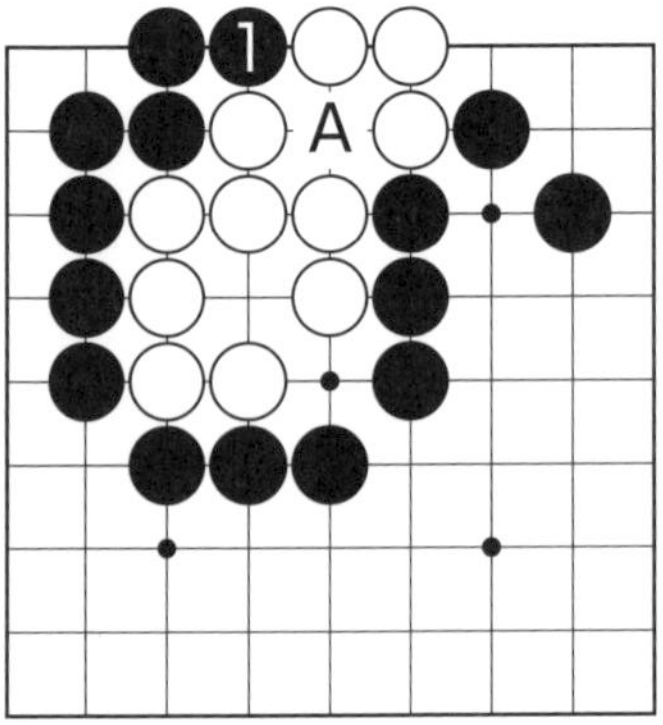

答《こた》え②

黒《くろ》1のウチカキでカケ眼《め》にできます。下《した》の方《ほう》の2目《もく》のスペースは一眼《いちがん》しかないのでしたね。

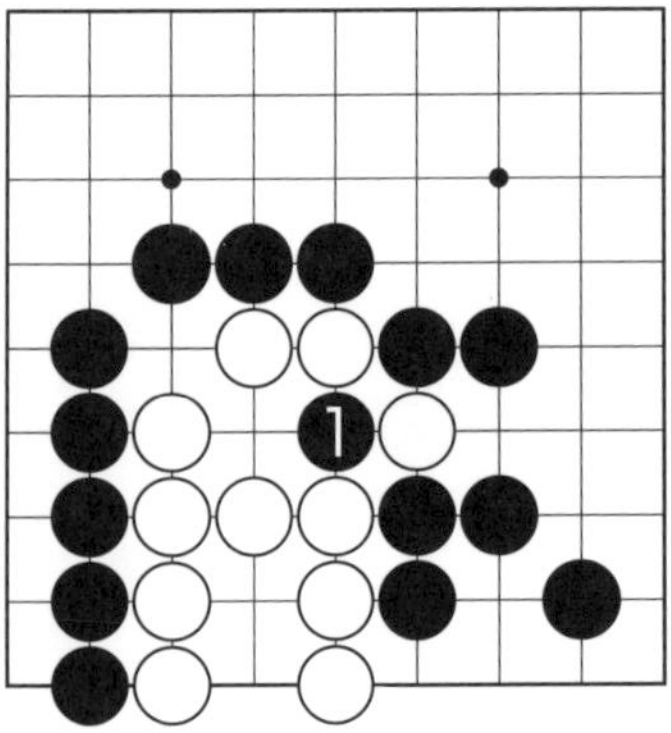

第《だい》2章《しょう》のまとめ問題《もんだい》③④

問題《もんだい》③

白《しろ》に1にアタリされました。入門編《にゅうもんへん》のころなら次《つぎ》の一手《いって》は当然《とうぜん》ツギだったでしょうが、今《いま》は目《め》のつけどころが違《ちが》うはず。どこに打《う》ちますか？

（答《こたえ》はP44にあります）

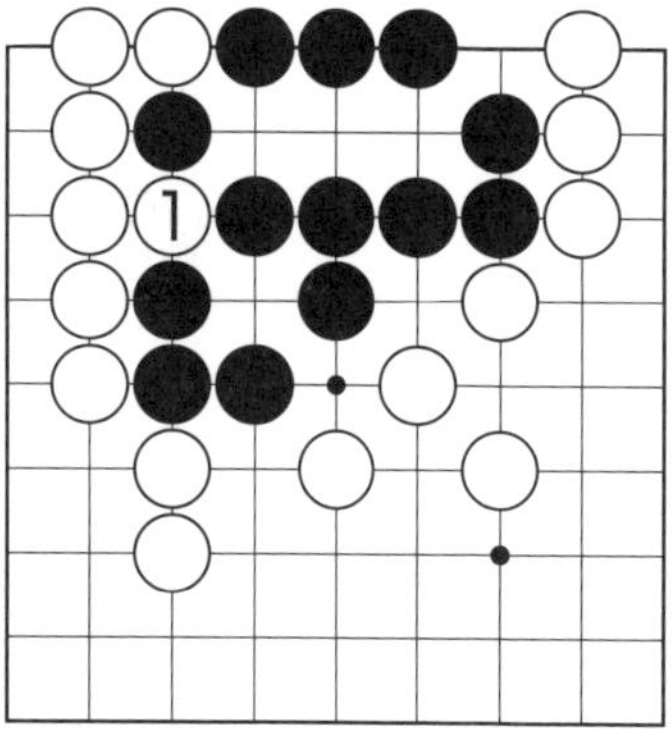

問題《もんだい》④

最後《さいご》は少《すこ》し意地悪《いじわる》な問題《もんだい》です。黒番《くろばん》で生《い》きる方法《ほうほう》はありますか？
（答《こたえ》はP44にあります）

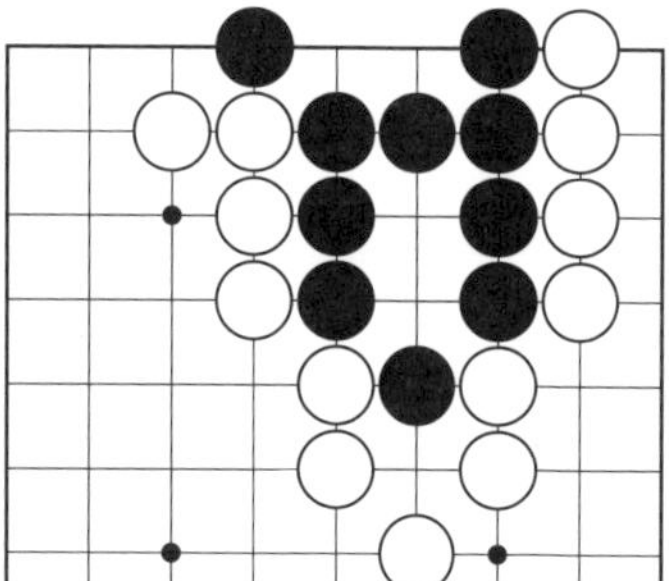

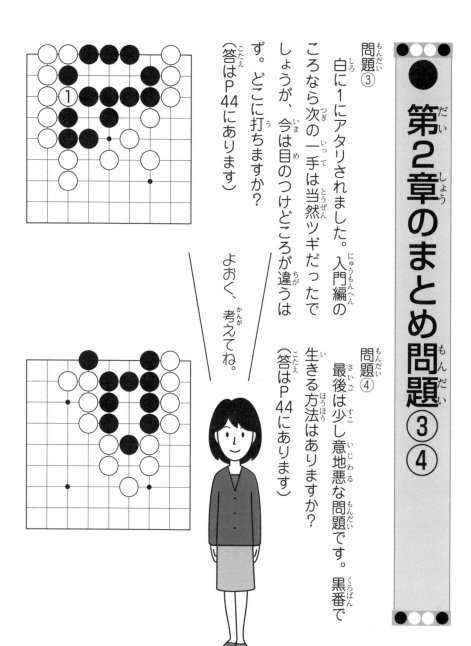

第《だい》2章《しょう》のまとめ問題《もんだい》 答《こた》え③④

答《こた》え③

黒《くろ》1でしっかり眼《め》を作《つく》ります。白《しろ》2と取《と》られても黒《くろ》3でもう一《ひと》つ眼《め》があるので、二眼《にがん》で生《い》きています。黒《くろ》1で2のツギは、白《しろ》1でカケ眼《め》にされて死《し》んでしまいます。

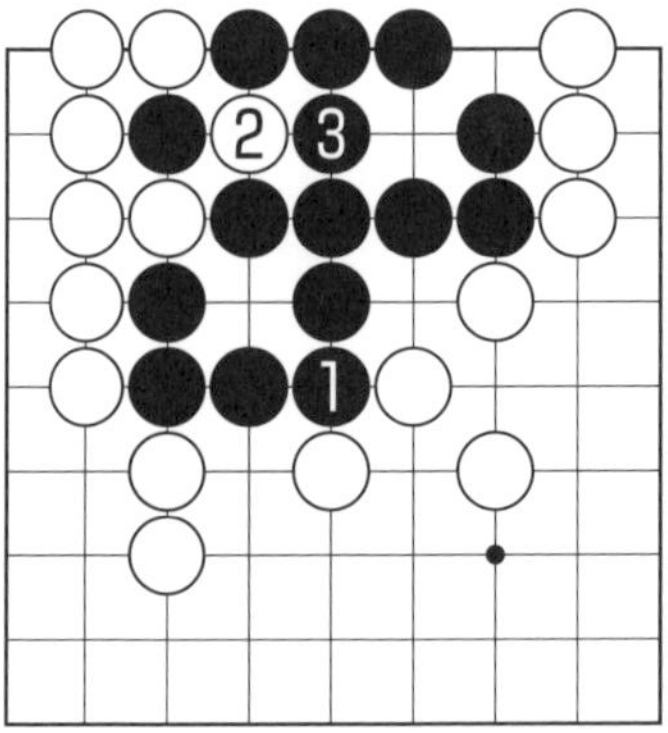

答《こた》え④

残念《ざんねん》ながらすでに死《し》んでいます。黒《くろ》1で眼《め》を作《つく》ると白《しろ》2でカケ眼《め》にされますし、黒《くろ》2で眼《め》を作《つく》っても白《しろ》1でカケ眼《め》にされます。両方同時《りょうほうどうじ》に打《う》てたら生《い》きるのですが、白《しろ》も許《ゆる》してくれませんね。

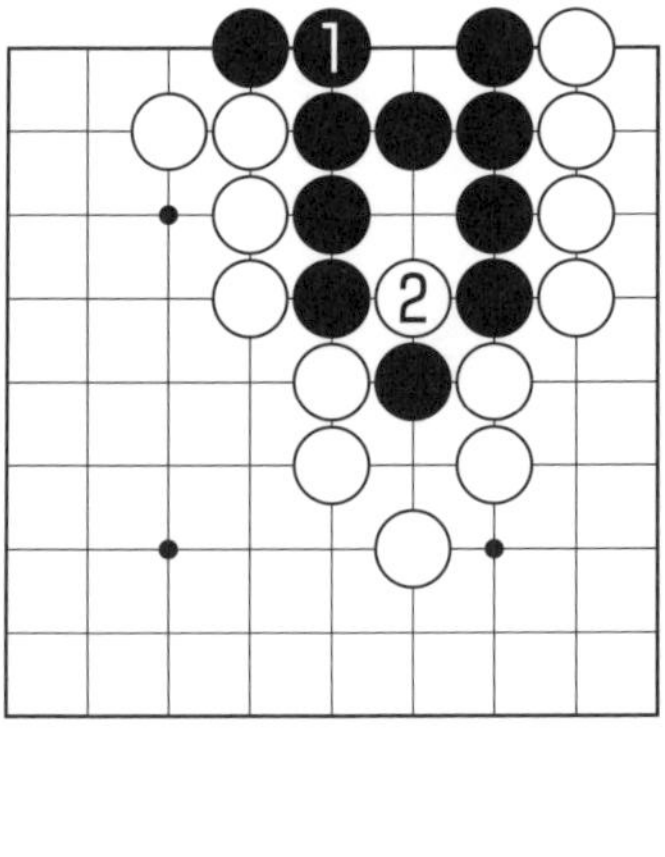

第《だい》3章《しょう》

ナカデ

「三目《さんもく》ナカデ」

「ナカデ」は石《いし》の生《い》き死《し》にに関《かん》するとても重要《じゅうよう》なテクニックです。今回《こんかい》は代《だい》表的《ひょうてき》なものを二《ふた》つ説明《せつめい》します。まずは「三目《さんもく》ナカデ」です。

図《ず》1の黒《くろ》は、1に置《お》けば生《い》きています。左右《さゆう》に眼《め》が一《ひと》つずつあり、二眼《にがん》で生《い》きですね。

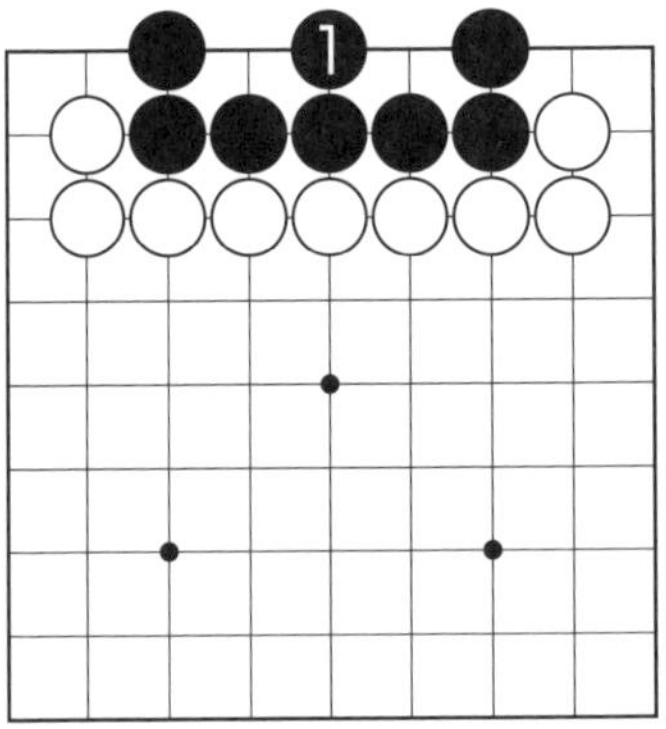

図1

ところが黒《くろ》より先《さき》に白《しろ》が1に打《う》つと、たちまち黒全体《くろぜんたい》が死《し》んでしまうのです。1の場所《ばしょ》が生《い》き死《し》にを決《き》める急所《きゅうしょ》で、三目《さんもく》のスペースの真《ま》ん中《なか》に打《う》つことから「三目《さんもく》ナカデ」と呼《よ》ばれます。

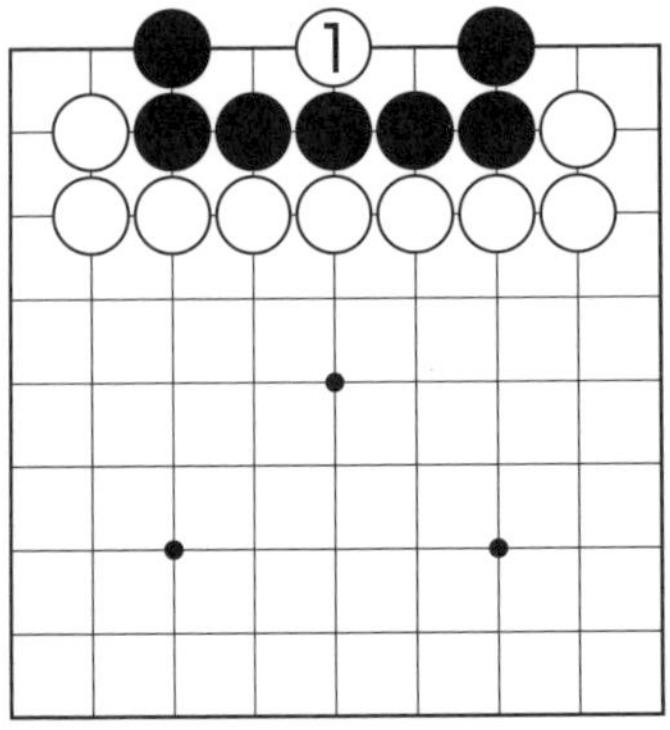

図2

第《だい》3章《しょう》　ナカデ

図《ず》2で黒《くろ》が死《し》んでいることの確認《かくにん》です。△に置《お》いた後《あと》で白《しろ》1に打《う》つと、黒《くろ》は二眼《にがん》できずに取《と》られる形《かたち》です。図《ず》2の時《じ》点《てん》で、白《しろ》は好《す》きな時《とき》に取《と》りに行《い》くことができ、黒《くろ》は絶対《ぜったい》に逃《のが》れる方法《ほうほう》がありません。つまり図《ず》2の時点《じてん》で黒《くろ》は取《と》られることが決《き》まっているのです。

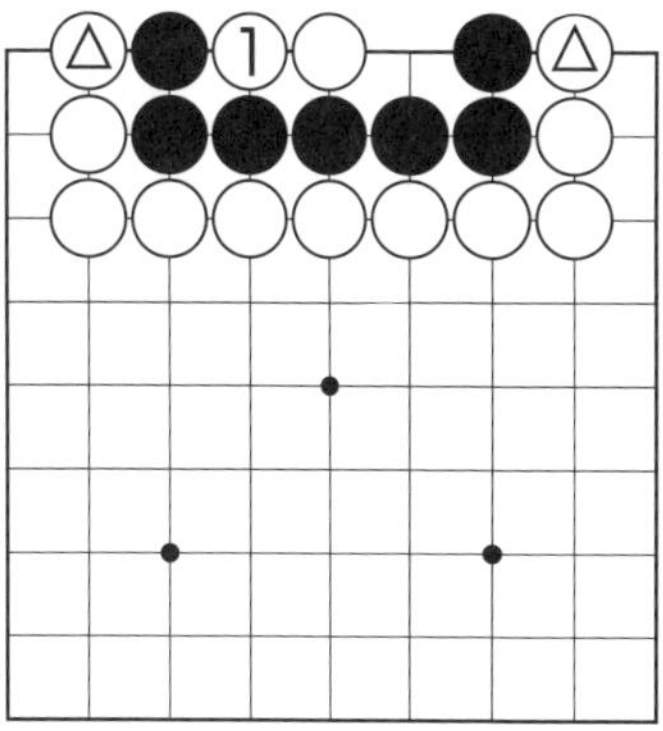

図3

白《しろ》1も三目《さんもく》ナカデです。図《ず》4は黒死《くろし》に、もし黒《くろ》が先《さき》に1に打《う》てたら二眼《にがん》で生《い》きます。この1も三目《さんもく》のスペースの真《ま》ん中《なか》ですね。

三目《さんもく》ナカデの種類《しゅるい》は図《ず》2、図《ず》4の二《ふた》つだけです。理屈《りくつ》はシンプルなので、向《む》きが変《か》わっても真《ま》ん中《なか》が大事《だいじ》と覚《おぼ》えておけば大丈夫《だいじょうぶ》です。

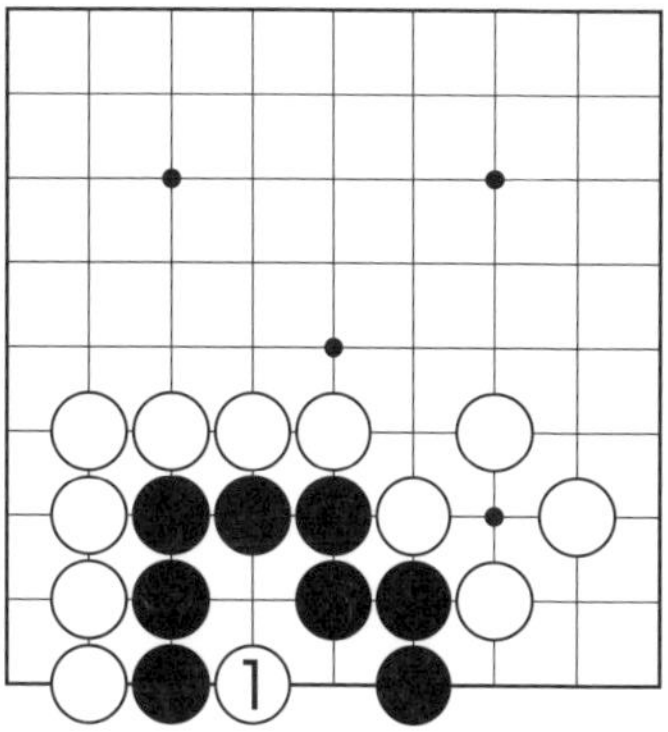

図4

「四目《よんもく》ナカデ」

四目《よんもく》ナカデは図《ず》1黒《くろ》1の一種類《いっしゅるい》だけです。同《おな》じ場所《ばしょ》に白《しろ》1と打《う》つと眼《め》が三《みっ》つできてもちろん生《い》きていますが、黒《くろ》1に打《う》つと白《しろ》は死《し》んでいます。まずはそれを確認《かくにん》してみましょう。

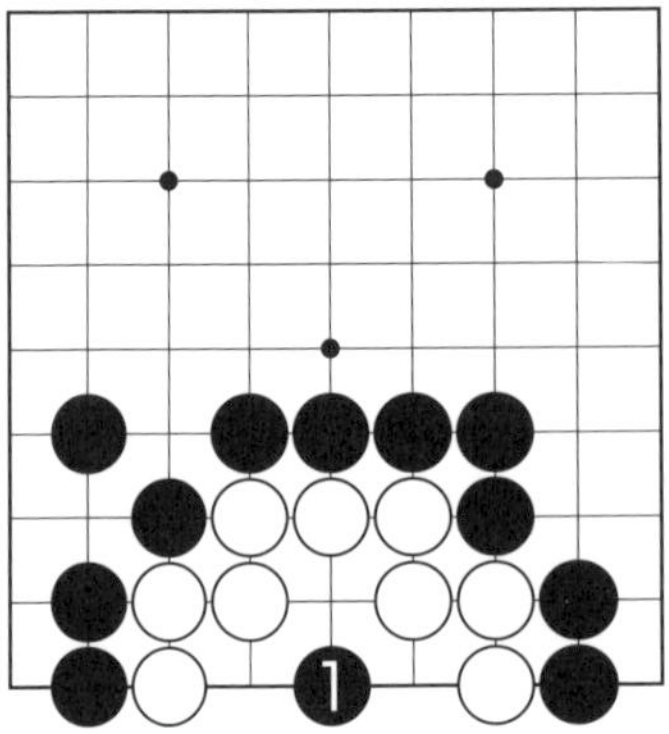
図1

図《ず》1の後《あと》、黒《くろ》は好《す》きな時《とき》に▲につめていくことができます。するとアタリになるので白《しろ》は1に取《と》るのですが、その形《かたち》をよく見《み》てみると……。

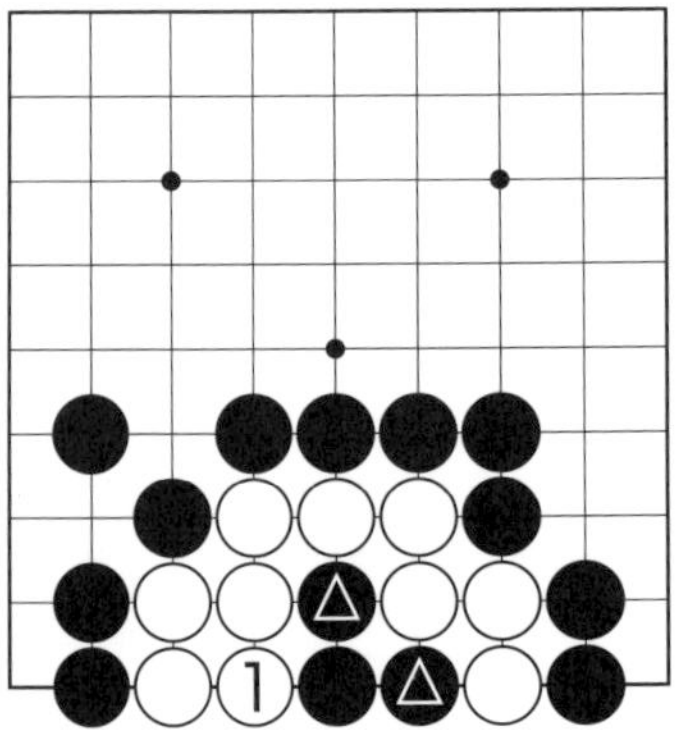
図2

白《しろ》が取《と》った後《あと》に黒《くろ》1に打《う》つと、三目《さんもく》ナカデで白《しろ》が死《し》んでいることが分《わ》かります。図《ず》1の時点《じてん》から白《しろ》はいつかこうなってしまうことが決《き》まっているので、図《ず》1の黒《くろ》1で白《しろ》は死《し》んでいるのです。

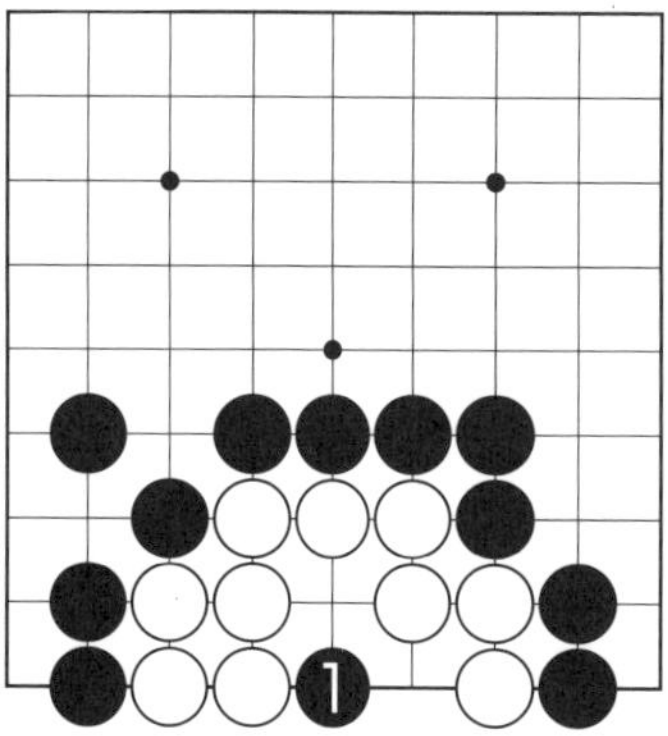

図3

図《ず》4は4目《もく》のスペースがあるのですが、黒《くろ》が何《なに》も打《う》たなくてもすでに白《しろ》が死《し》んでいる形《かたち》です。白《しろ》がどこに打《う》っても黒《くろ》に三目《さんもく》ナカデにされてしまうことを確《たし》かめてください。

4目《もく》のスペースになる形《かたち》は他《ほか》にも何《なん》種類《しゅるい》かありますが、どれも四目《よんもく》ナカデにはなりません。それを次《つぎ》のページで見《み》ていきましょう。

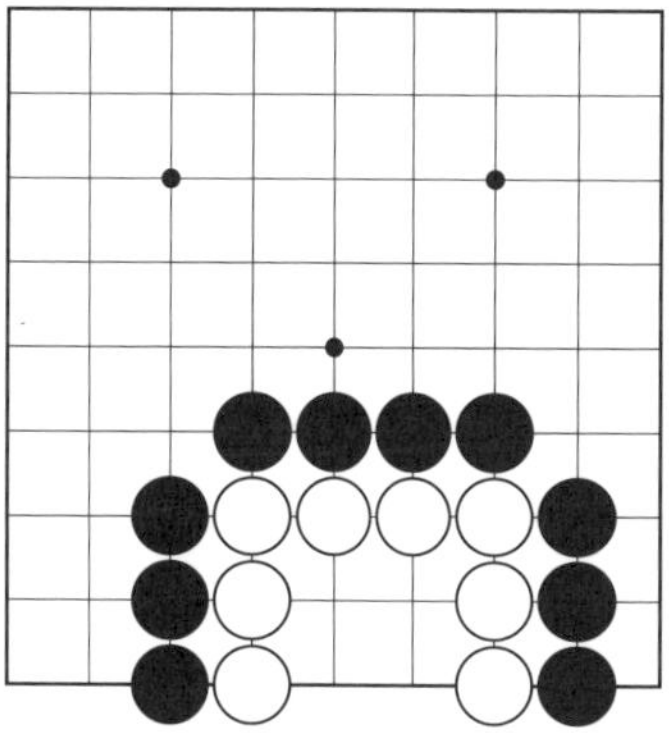
図4

例《たと》えば図《ず》5の白《しろ》を黒《くろ》から殺《ころ》す手《て》はなく、すでに生《い》きています。四目《よんもく》のスペースなので、三目《さんもく》の時《とき》と違《ちが》って真《ま》ん中《なか》がないですね。

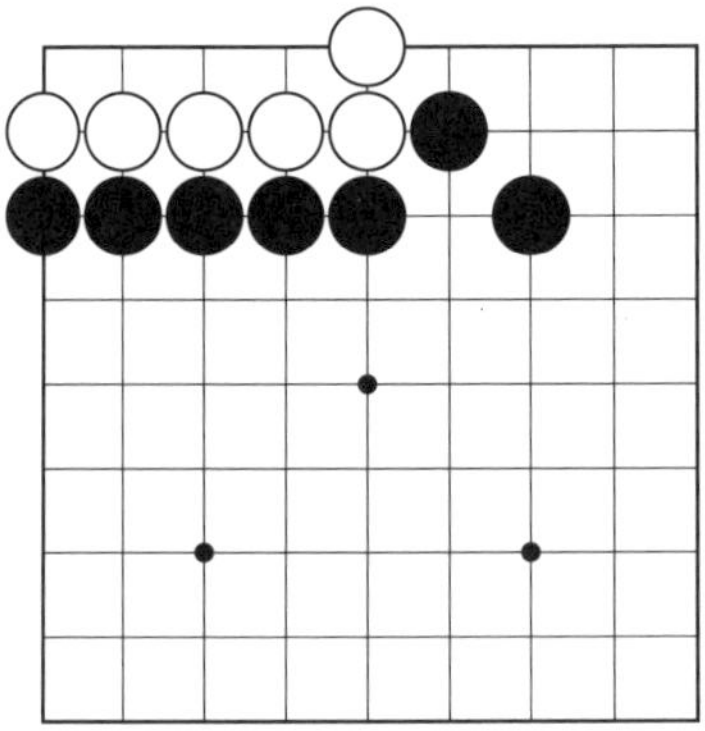
図5

試《ため》しに黒《くろ》1に打《う》っても白《しろ》2、先《さき》に黒《くろ》が2に打《う》っても白《しろ》1で二眼《にがん》ができ、白《しろ》は生《い》きています。

ちなみにこの1と2のように、一方《いっぽう》を打《う》ったら相手《あいて》がもう一方《いっぽう》を打《う》つ、という関係《かんけい》を、「見合《みあ》い」と言《い》います。44ページの④の解答《かいとう》も、1と2が見合《みあ》い、と言《い》えますので、興味《きょうみ》のある方《かた》は44ページに戻《もど》って確認《かくにん》してみましょう。

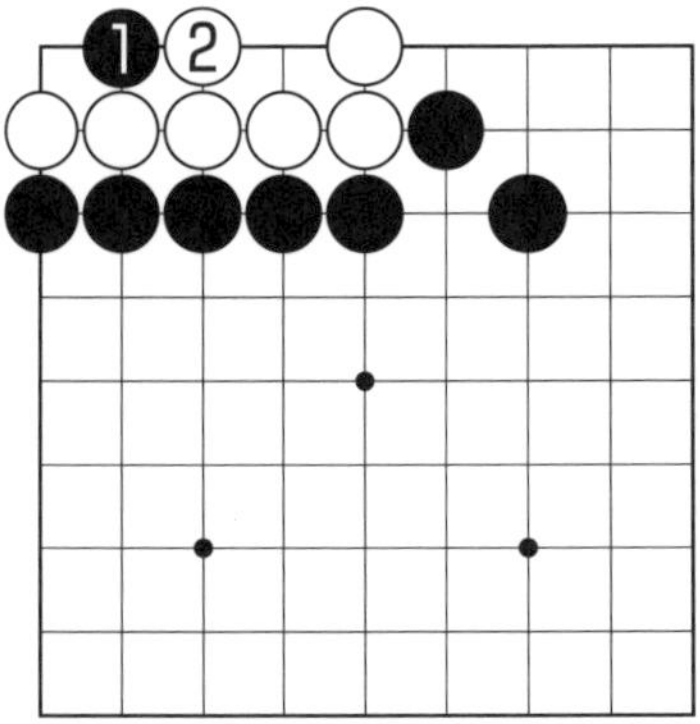
図6

上下《じょうげ》の白《しろ》は四目《よんもく》スペースですが、やはり生《い》きています。どちらの形《かたち》も、AとBが見合《みあ》いで白《しろ》に二眼《にがん》できるようになっていますね。

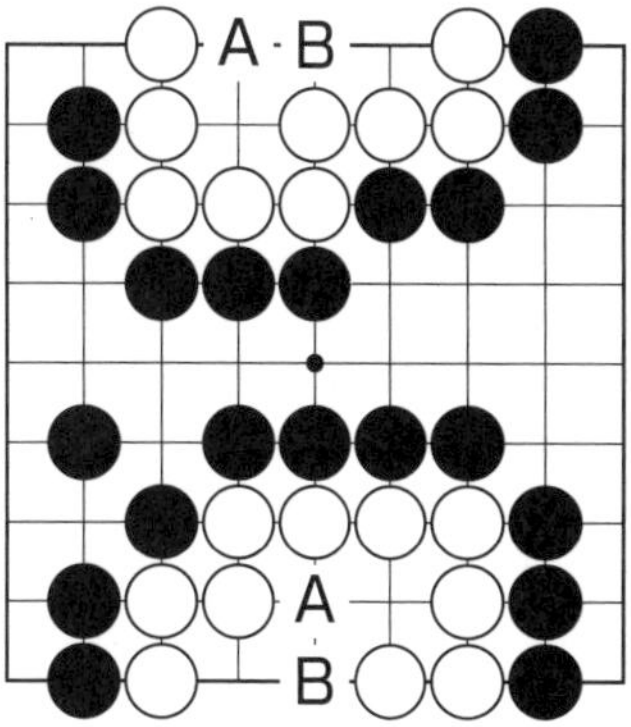

図7

参考《さんこう》までに、図《ず》8は五目《ごもく》ナカデの形《かたち》です。五目《ごもく》ナカデはこの二種類《にしゅるい》だけです。実際《じっさい》他《ほか》に六目《ろくもく》ナカデまであるのですが、実際にはめったに出《で》てきません。まずは三目《さんもく》ナカデ、四目《よんもく》ナカデをきちんとマスターするのが大事《だいじ》で、実戦《じっせん》でも大《おお》いに役《やく》に立《だ》つはずです。

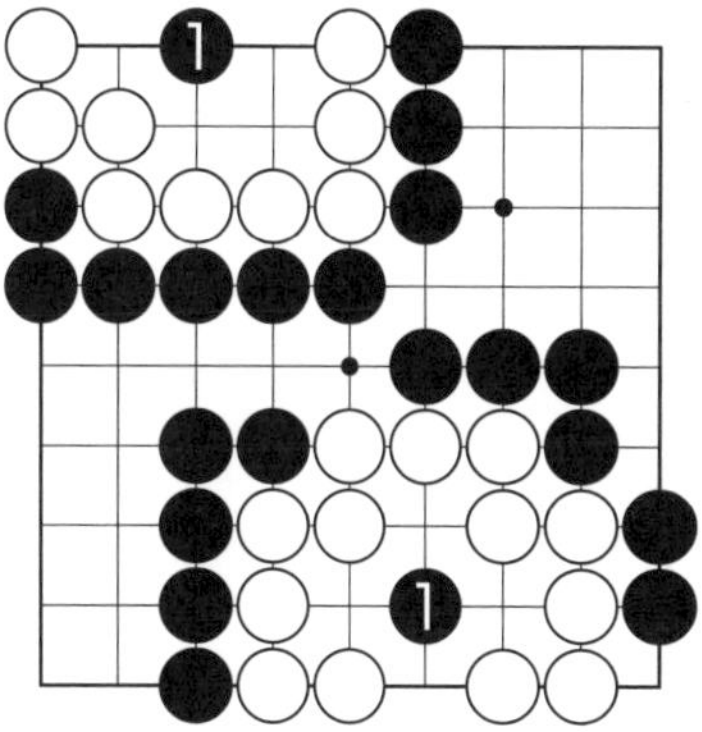

図8

こらむ

●囲《い》碁《ご》の一局《いっきょく》は人生《じんせい》のごとし

囲《い》碁《ご》は一手《いって》ずつ交代《こうたい》に打《う》ちます。一手打《いってう》つとそれだけ良《よ》くなったように見《み》えますが、相手《あいて》に一手打《いってう》ち返《かえ》されると、その分《ぶん》、悪《わる》くなったような気《き》になって…。そういうことを繰《く》り返《かえ》し、最後《さいご》にお互《たが》いに囲《かこ》った地《じ》を数《かぞ》えて、勝負《しょうぶ》が決《き》まります。これを終局《しゅうきょく》の時点《じてん》から眺《なが》めてみると、一手《いって》あたり十分《じゅうぶん》に値打《ねう》ちがあったのか、という考《かんが》え方《かた》になります。日《ひ》ごろの生活《せいかつ》でコストパフォーマンス(物《もの》や遊《あそ》びなどの行動《こうどう》とそこにかける金銭《きんせん》の価値《かち》の効率《こうりつ》)が大事《だいじ》、と思《おも》っている人《ひと》も多《おお》くいますが、囲碁《いご》はまさにコストパフォーマンス重視《じゅうし》のゲームなのです。

「その一手《いって》に十分《じゅうぶん》の価値《かち》があるか」、と自分自身《じぶんじしん》に問《と》いかけるという考《かんが》え方《かた》は、今日《きょう》の自分《じぶん》の行《おこな》いに一日分《いちにちぶん》の価値《かち》があったかという問《と》いにつながります。

親《おや》に勉強《べんきょう》しなさいと言《い》われて勉強《べんきょう》する、あるいはそれでも勉強《べんきょう》をさぼる、というのではなく、自分《じぶん》で考《かんが》えて勉強《べんきょう》するようになれるかもしれないですね。

第《だい》3章《しょう》まとめ問題《もんだい》①②

問題《もんだい》①

白《しろ》が1に打《う》ちました。黒《くろ》は次《つぎ》にどこに打《う》つのが良《よ》いでしょうか？　一応《いちおう》アタリにされているのですが、もっと大事《だいじ》な場所《ばしょ》がありますよ。

（答《こたえ》はP54にあります）

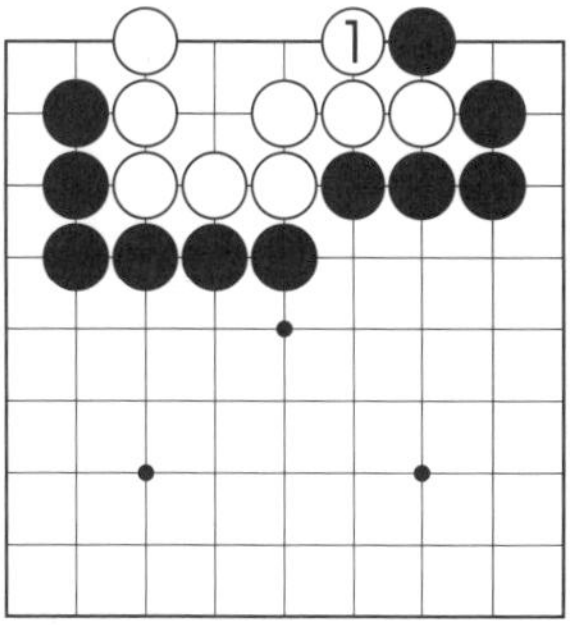

問題《もんだい》②

黒《くろ》から白《しろ》を殺《ころ》す手《て》はあるでしょうか？　三目《さんもく》ナカデの場所《ばしょ》は目《め》につきますが、他《ほか》にも気《き》になるところがありますね。

（答《こたえ》はP54にあります）

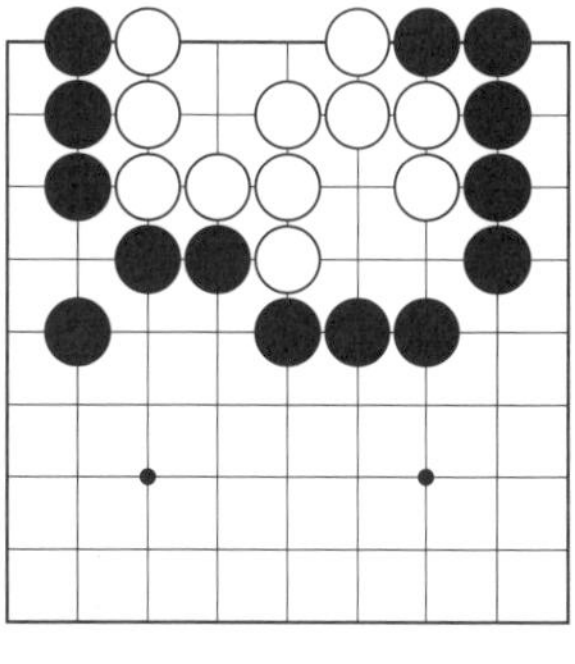

第《だい》3章《しょう》のまとめ問題《もんだい》　答《こた》え①②

答《こた》え①

黒《くろ》1で三目《さんもく》ナカデです。白《しろ》2で△を取《と》られてもここはカケ眼《め》でしたね。白《しろ》は一《いち》眼《がん》しかなく、全部《ぜんぶ》死《し》んでいます。

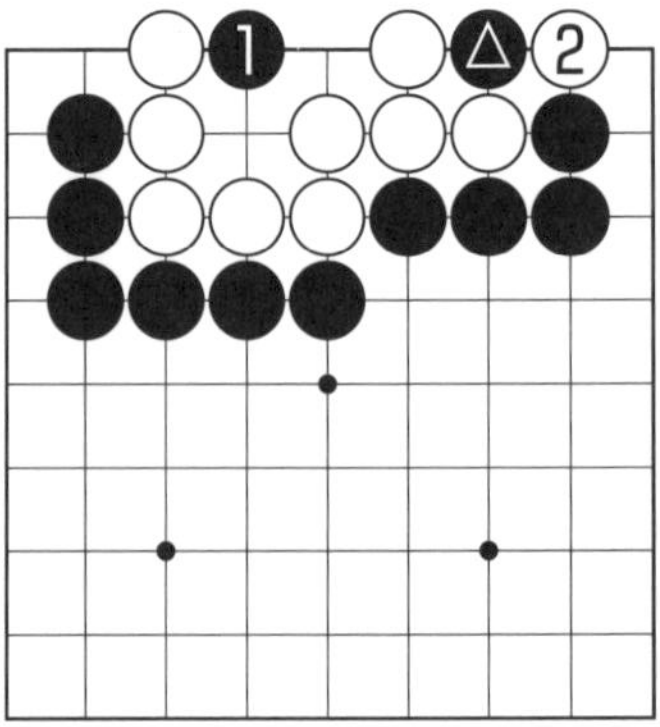

答《こた》え②

白《しろ》はすでに生《い》きています。黒《くろ》1で三目《さんもく》ナカデに見《み》えますが、白《しろ》2でもう一《ひと》つの眼《め》ができてしまうからです。黒《くろ》が先《さき》に2に打《う》つと、白《しろ》は1でやはり二眼《にがん》の生《い》きです。ナカデは他《ほか》の場所《ばしょ》に眼《め》ができない場《ば》合《あい》のみ成立《せいりつ》します。

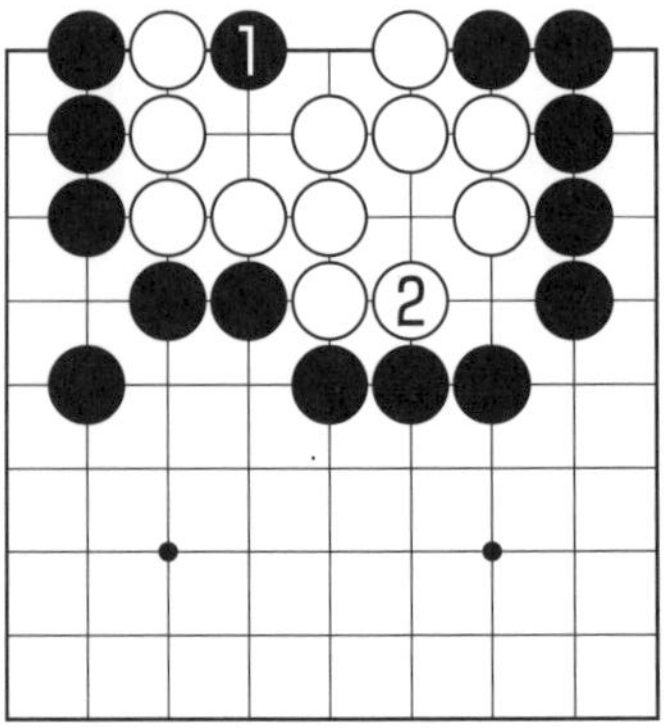

第《だい》3章《しょう》まとめ問題《もんだい》③④

問題《もんだい》③

②とそっくりですが、ちょっと違《ちが》うところがありますね。実戦《じっせん》でこういう問題《もんだい》を正確《せいかく》に打《う》てたら、もう9路盤《ろばん》は卒業《そつぎょう》できるレベルです！

（答《こたえ》はP56にあります）

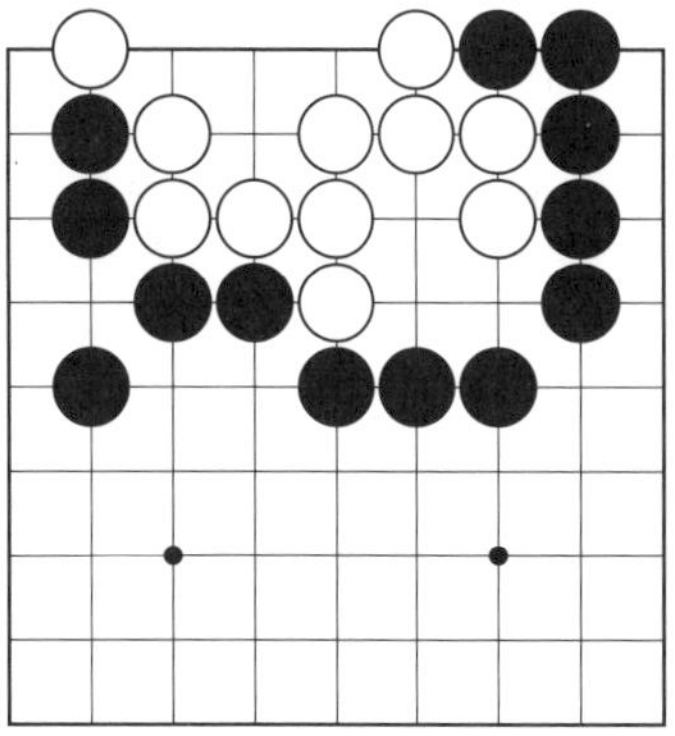

問題《もんだい》④

この問題《もんだい》は難《むず》しいですが、今《いま》まで勉強《べんきょう》をしたテクニックを組《く》み合《あ》わせると白《しろ》を殺《ころ》せます。ナカデの前《まえ》には何《なに》を勉強《べんきょう》したか覚《おぼ》えていますか？

（答《こたえ》はP56にあります）

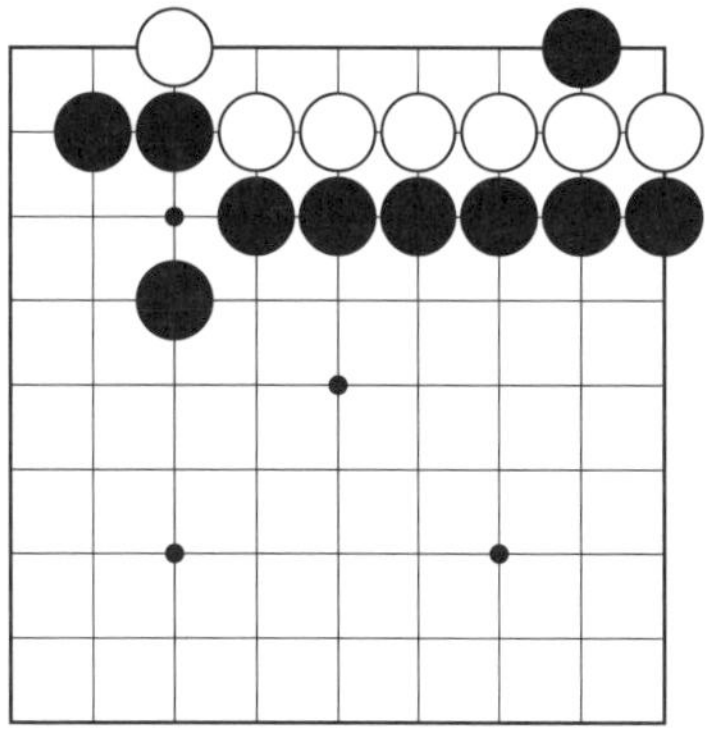

第《だい》3章《しょう》のまとめ問題《もんだい》　答《こた》え③④

答《こた》え③

まず黒《くろ》1に打《う》ちます。白《しろ》は2にツギますが、ちょうど三目《さんもく》ナカデの形《かたち》になっていますね。そこで忘《わす》れずに黒《くろ》3で白《しろ》の眼《め》を作《つく》らせないようにすれば、白《しろ》は一眼《いちがん》しかなく死《し》んでいます。

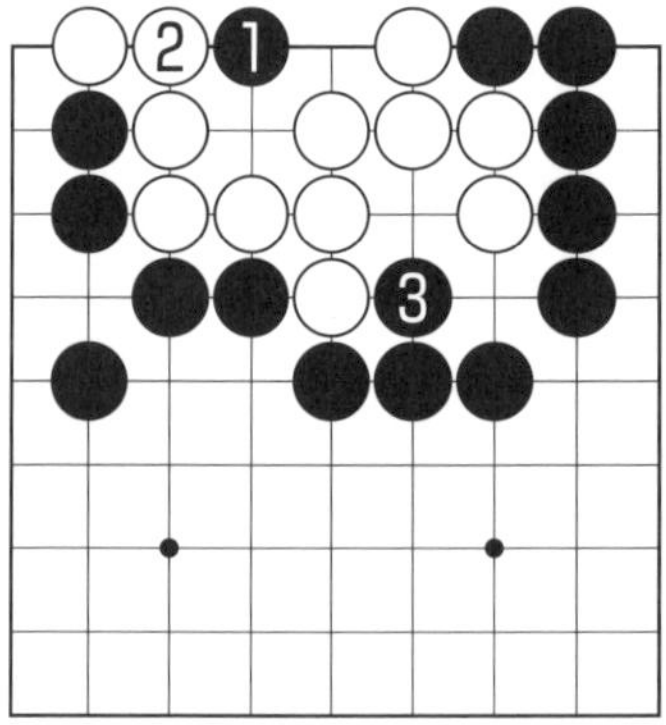

答《こた》え④

黒《くろ》1のウチカキが正解《せいかい》で、白《しろ》2と取《と》られても黒《くろ》3でナカデの形《かたち》になります。白《しろ》が2で3に打《う》った場合《ばあい》は黒《くろ》2で、これもやはりカケ眼《め》になります。

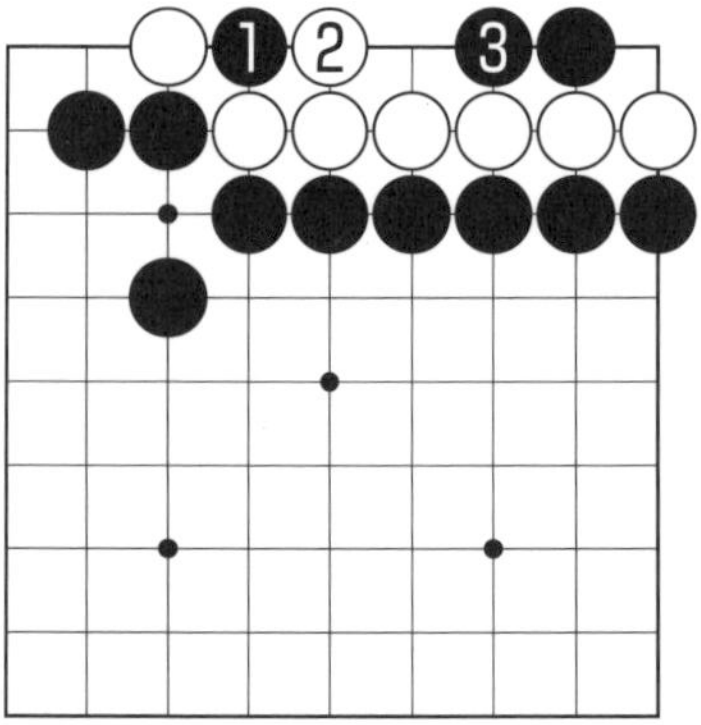

第《だい》4章《しょう》

実際《じっさい》に対局《たいきょく》してみよう

どこから打《う》ってもよい

いよいよ実際《じっさい》の囲碁《いご》がどんなものなのかを見《み》ていきましょう。大《おお》きな19路盤《ろばん》では、最初《さいしょ》は隅《すみ》(※入門編《にゅうもんへん》の13ページに出《で》てきましたね)から打《う》つのが基本《きほん》ですが、9路盤《ろばん》ではあまり気《き》にしなくても大《だい》丈夫《じょうぶ》。ただし、いきなりは打《う》たない方《ほう》がいい場所《ばしょ》もあります。

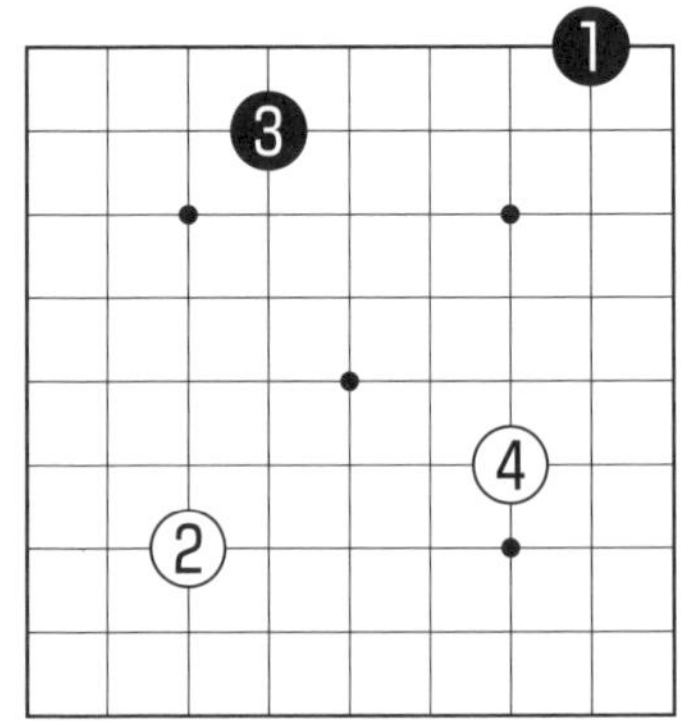
1
3
2
4
図1

黒《くろ》1や3などはよくない例《れい》です。最初《さいしょ》に1線《せん》や2線《せん》に打《う》つのは、自分《じぶん》の地《じ》が大《おお》きくなりにくい上《うえ》に、相手《あいて》に取《と》られやすくなります。白《しろ》2、4のように、まずは3線《せん》より上《うえ》のどこかに打《う》つのが正《ただ》しい打《う》ち方《かた》です。

いよいよ、対局《たいきょく》ですね。盤面《ばんめん》のどこから打《う》ったらよいのでしょうか。

黒《くろ》が1と打《う》った時《とき》に、いきなり白《しろ》2とその隣《となり》に打《う》つ手《て》を「ツケ」と言《い》います。その時《とき》に手抜《てぬ》きをして黒《くろ》3などと打《う》つと、白《しろ》4に打《う》たれて黒《くろ》1が取《と》られやすくなります。白《しろ》4の手《て》も、「ハネ」と言《い》います。今《いま》までに出《で》てきたハネと、似《に》ているように見《み》えますか?

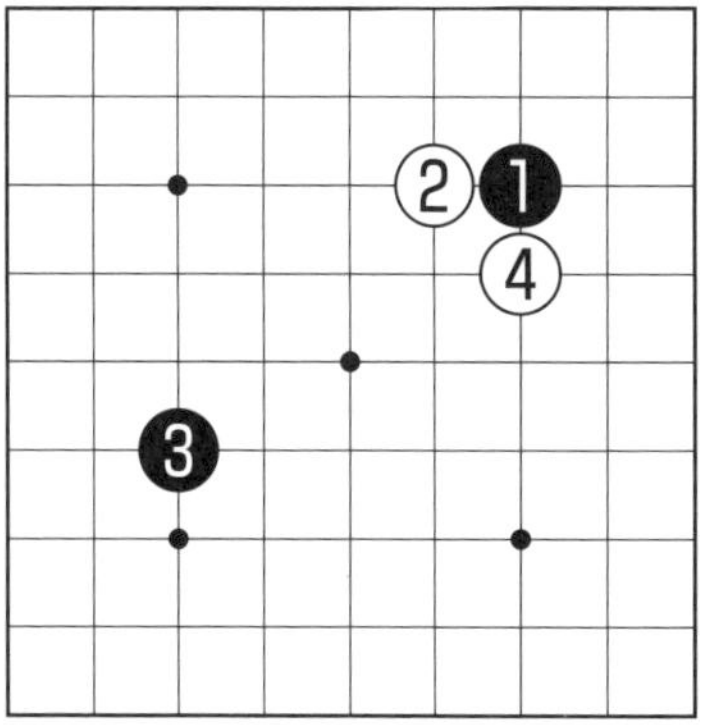

図2

白《しろ》2のツケには、すぐに黒《くろ》3にハネるのがよい打《う》ち方《かた》で、今度《こんど》は白《しろ》2が取《と》られそうに見《み》えてきます。「ツケにはハネよ」という格言《かくげん》があり、いきなりツケられたら、まずはハネる手《て》から考《かんが》えます。

ただし囲碁《いご》は自由《じゆう》なので、必《かなら》ずそうしないといけない、ということはありません。いろんな打《う》ち方《かた》を実際《じっさい》にやってみて、自分《じぶん》なりの方法《ほうほう》を見《み》つけるのも面白《おもしろ》いですよ。

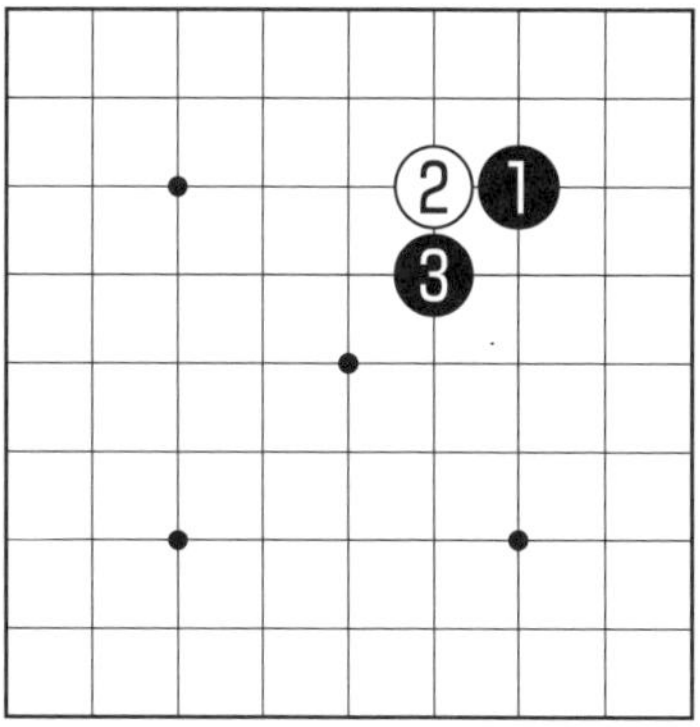

図3

対局例《たいきょくれい》①　第《だい》1譜《ふ》

実際《じっさい》の対局《たいきょく》の一例《いちれい》です。碁盤《ごばん》と碁石《ごいし》があれば、数字《すうじ》の順番《じゅんばん》に並《なら》べていくとより分《わ》かりやすいですよ。なお、第1譜《だいいっぷ》の右《みぎ》についている（1－8）は、1手目《てめ》から8手目《てめ》という意味《いみ》です。

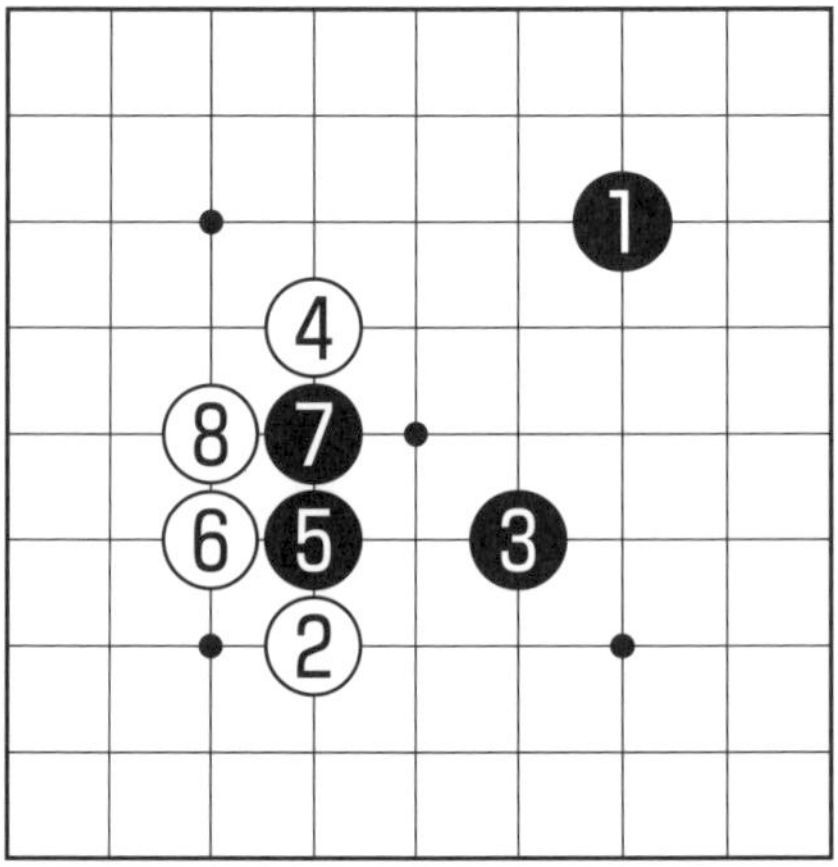

第1譜（1－8）

4手目《てめ》までを見《み》ると、黒《くろ》は右側《みぎがわ》に、白《しろ》は左側《ひだりがわ》に地《じ》を作《つく》ろうとしているようです。

このような最初《さいしょ》の数手《すうて》の段階《だんかい》を、「布《ふ》石《せき》」や「序盤《じょばん》」と言《い》います。図《ず》1の白《しろ》は悪《わる》い布石《ふせき》の打《う》ち方《かた》の一例《いちれい》です。布石《ふせき》の段《だん》階《かい》ではあまり自分《じぶん》の石《いし》をくっつけ過《す》ぎない方《ほう》が、大《おお》きな地《じ》を囲《かこ》いやすくなります。

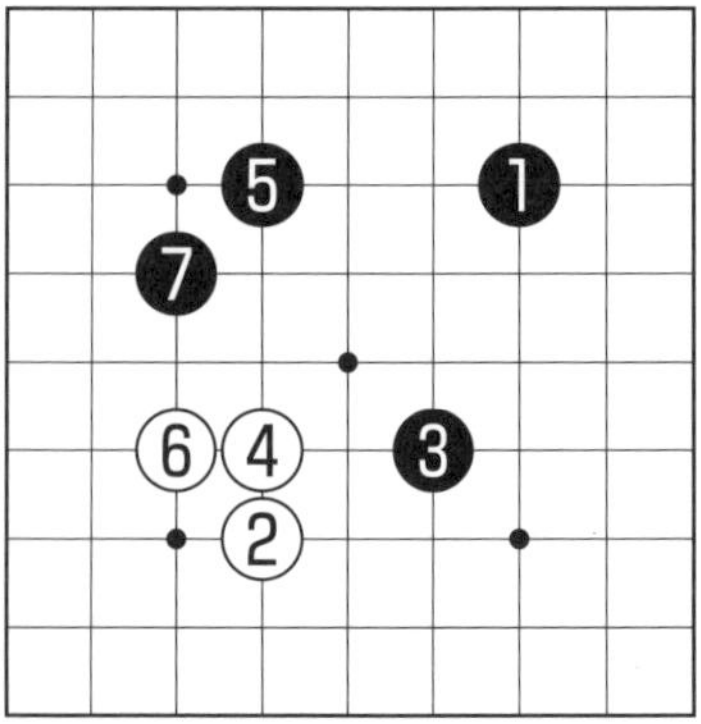

図1

5手目《てめ》から8手目《てめ》の図《ず》です。白《しろ》6、8は白地《しろじ》に黒《くろ》を侵入《しんにゅう》させないための大事《だいじ》な手《て》です。白《しろ》6は、「ツケにはハネよ」という格言《かくげん》も守《まも》っていますね。

もし白《しろ》8の手《て》で1にツグと、黒《くろ》2に打《う》たれて大失敗《だいしっぱい》。白地《しろじ》が分断《ぶんだん》されてしまいますし、△の石《いし》も取《と》り残《のこ》されて取《と》られそうになっています。

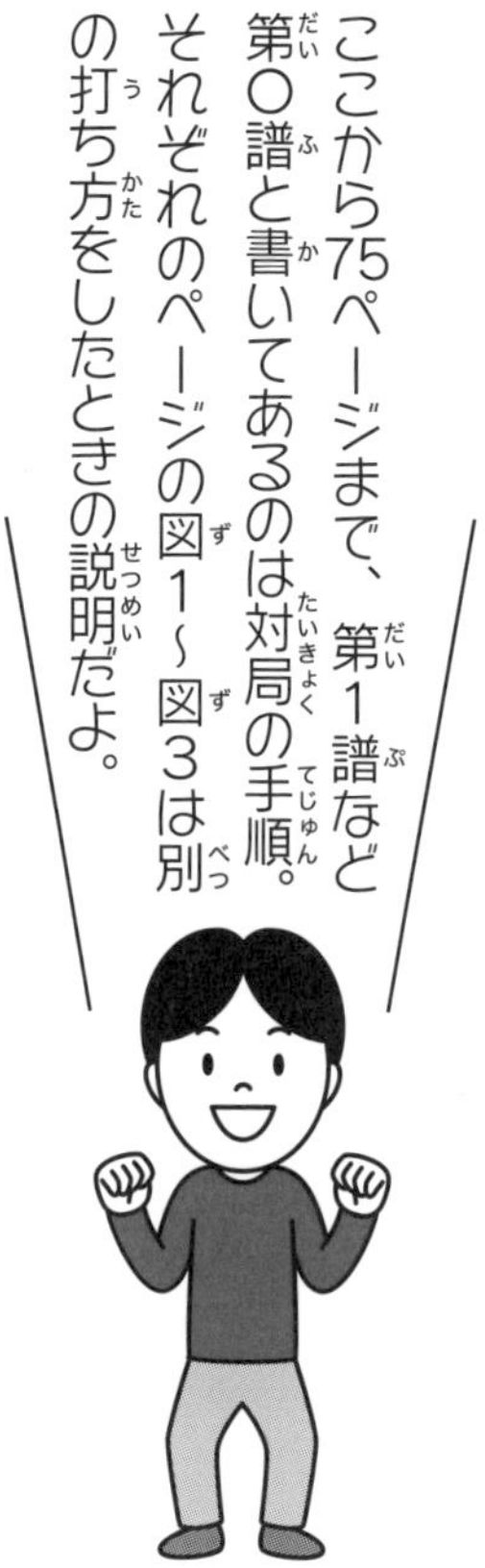
ここから75ページまで、第《だい》1譜《ぷ》など第《だい》○譜《ふ》と書《か》いてあるのは対局《たいきょく》の手順《てじゅん》。それぞれのページの図《ず》1～図《ず》3は別《べつ》の打《う》ち方《かた》をしたときの説明《せつめい》だよ。

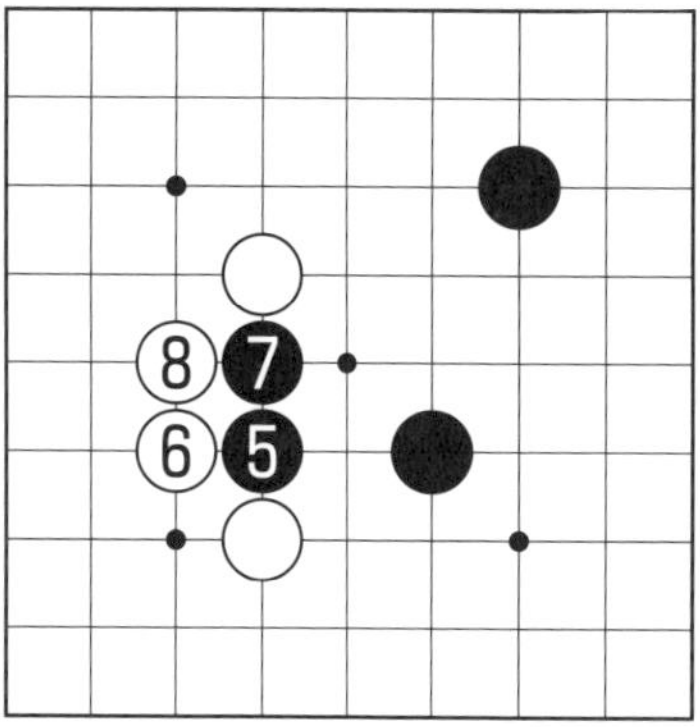
8
7
6
5
図2

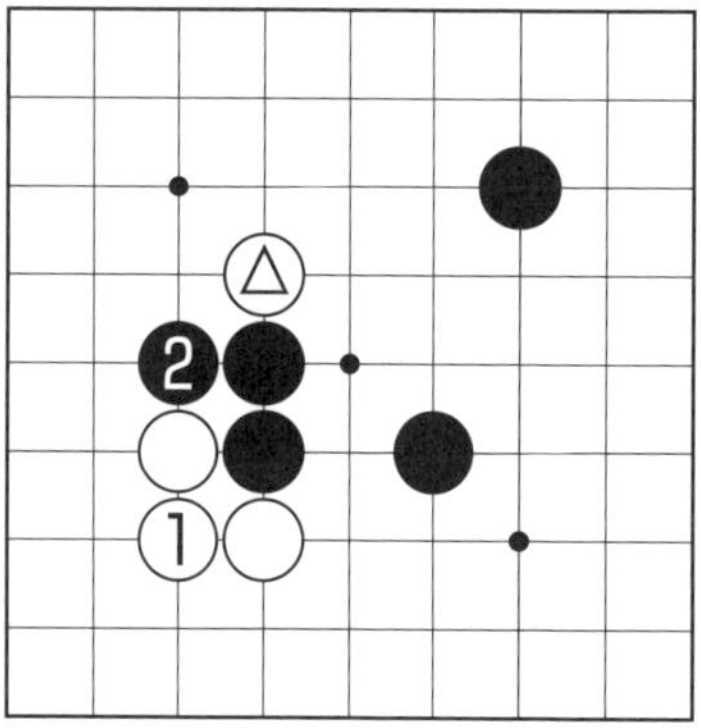
△
2
1
図3

対局例《たいきょくれい》①　第《だい》2譜《ふ》

お互《たが》いに地《じ》の境界線《きょうかいせん》を作《つく》っていきます。その途中《とちゅう》でも、キリやアタリには要《よう》注意《ちゅうい》ですね。

白《しろ》2は大事《だいじ》なツギです。たとえば図《ず》1の白《しろ》1もとてもいい場所《ばしょ》なのですが、黒《くろ》2に切《き》られて取《と》られてしまいます。白《しろ》3と逃《に》げようとしてみても、黒《くろ》6のあと、どうやっても助《たす》かりません。

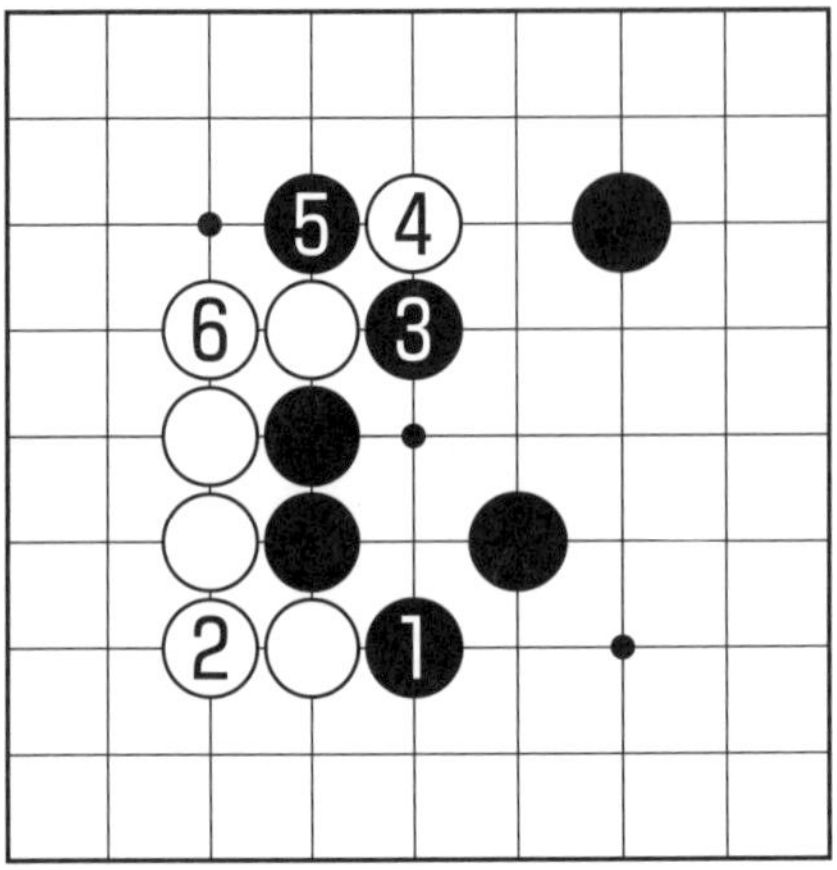

第2譜（1－6）

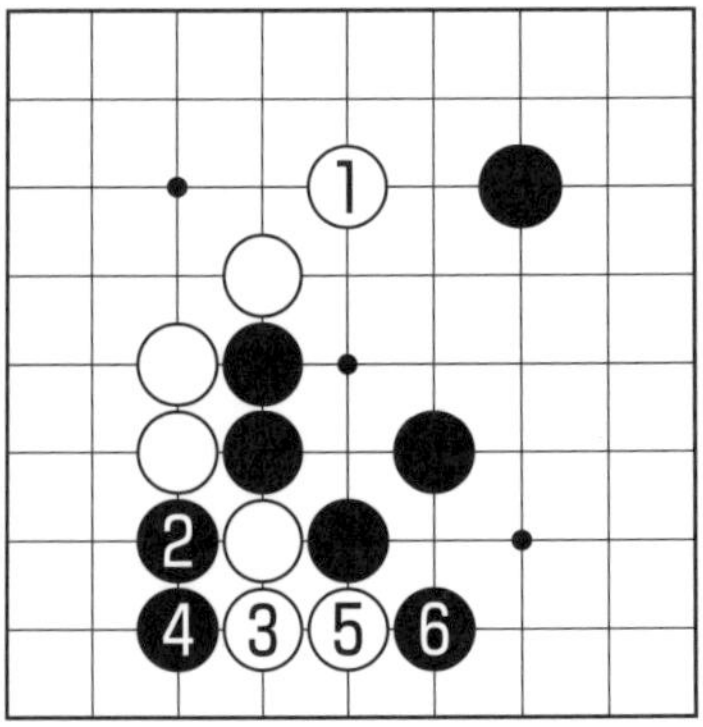

図 1

第《だい》2譜《にふ》の黒《くろ》3、白《しろ》4のハネは、どちらも自分《じぶん》の地《じ》を増《ふ》やそうとしています。黒《くろ》5に切《き》られたら、アタリなので白《しろ》は6にツグしかありません。この後《あと》、黒《くろ》が図《ず》2の1に打《う》ったら白《しろ》はどうするのでしょう？ 白《しろ》2と逃《に》げたら、黒《くろ》3からシチョウで取《と》られてしまいますね。

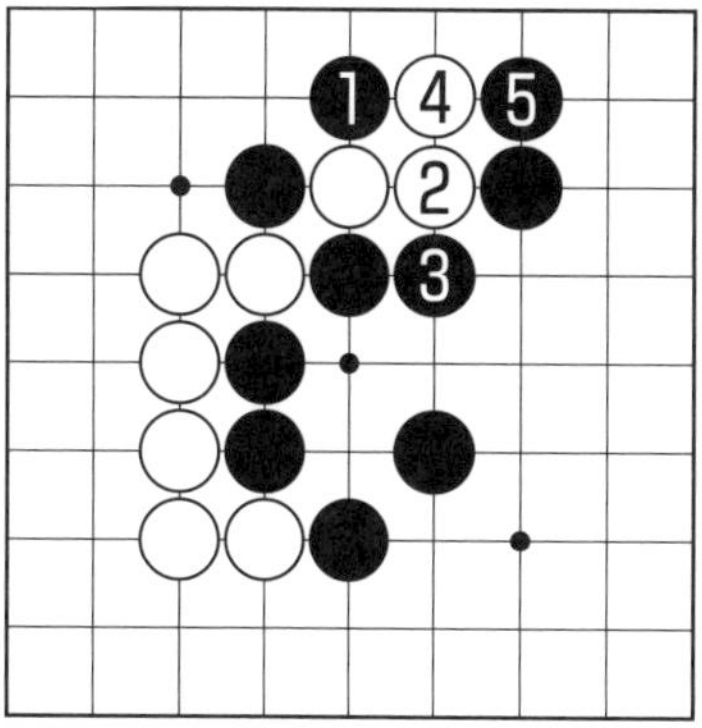

図2

黒《くろ》1には、白《しろ》は2に打《う》つつもりなのです。両《りょう》アタリですね！ チャンスと思《おも》ったら実《じつ》はピンチ、ということはよくあります。黒《くろ》は白《しろ》のねらいを見破《みやぶ》ることはできるでしょうか？ この後《あと》の進行《しんこう》が楽《たの》しみですね。

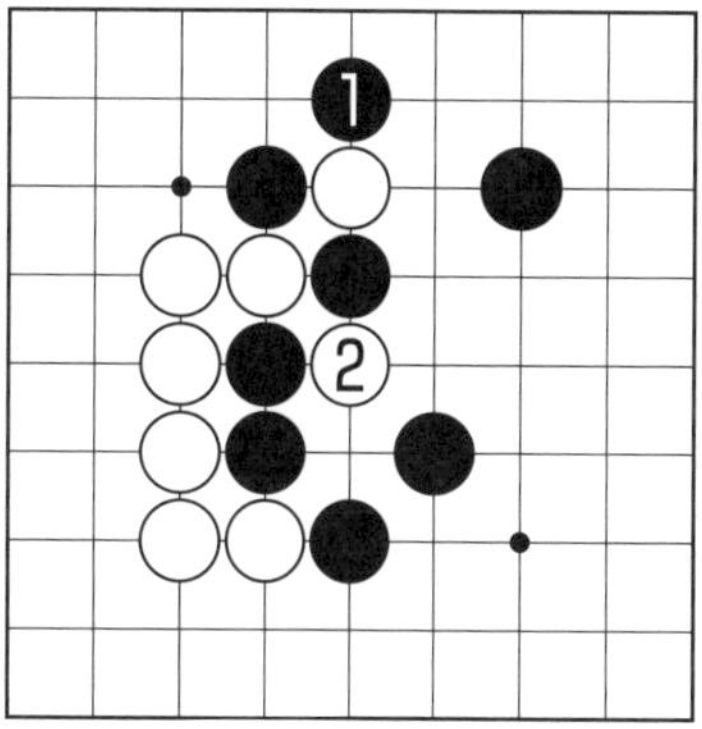

図3

対局例《たいきょくれい》①　第《だい》3譜《ふ》

地《じ》の境界線《きょうかいせん》がだんだんはっきりしてきました。今《いま》まで勉強《べんきょう》した、シチョウやハネツギも出《で》てきますよ。

黒《くろ》は1に打《う》ちました。これでも両《りょう》アタリを防《ふせ》いでいますね。図《ず》1の1にツグのもよい手《て》ですが、厳密《げんみつ》に言《い》えば黒地《くろじ》が少《すこ》し少《すく》なくなります。実戦《じっせん》の黒《くろ》1は、両《りょう》アタリを防《ふせ》ぎながら黒地《くろじ》も増《ふ》やしているのですね。

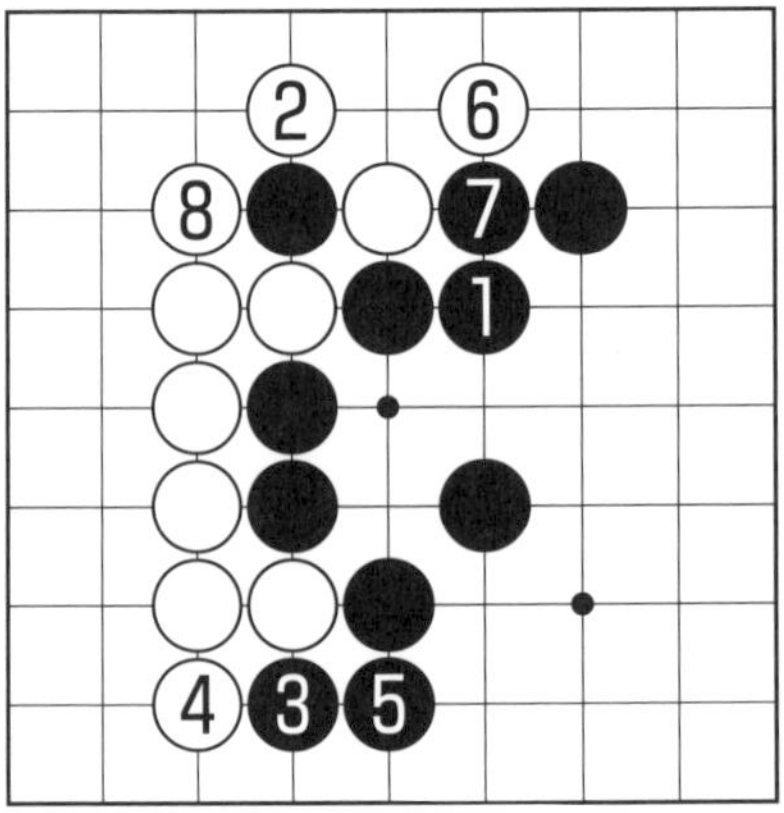

第3譜（1−8）

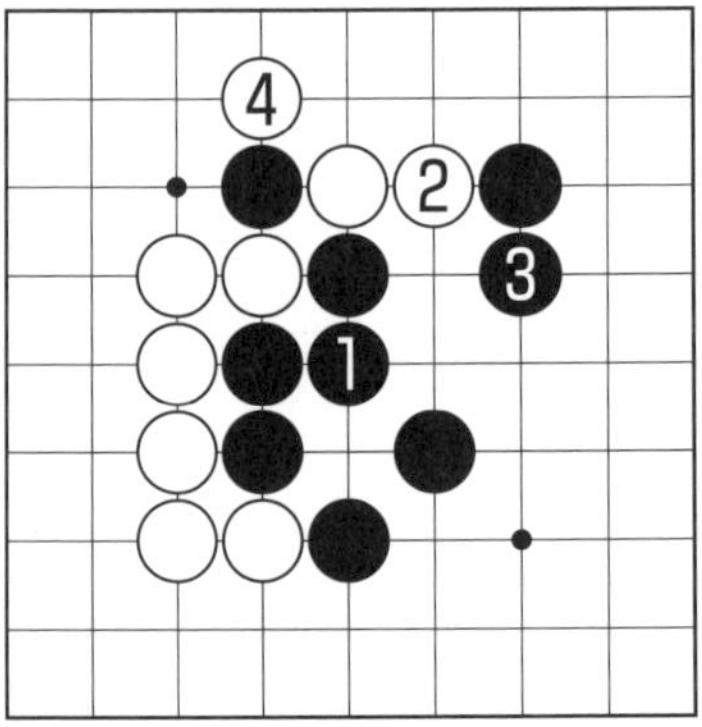

図1

白《しろ》2のアタリに対《たい》して、図《ず》2の黒《くろ》1に逃《に》げたくなりませんか? 逃《に》げても、白《しろ》2からシチョウで取《と》られてしまいます。そこは逃《に》げても仕方《しかた》ないよ、と自信《じしん》を持《も》って言《い》えたら合格《ごうかく》です。取《と》られた石《いし》はあきらめて他《ほか》のいいところに打《う》ちましょう。

実戦譜《じっせんふ》(実際《じっさい》の対局《たいきょく》で登場《とうじょう》した棋譜《きふ》)で黒《くろ》が3、5にハネツギました。黒地《くろじ》を増《ふ》やして白地《しろじ》を減《へ》らすいい手《て》で、1章《しょう》で勉強《べんきょう》しましたね。その時《とき》に図《ず》3のように白《しろ》がすぐに1、3とハネツグのは実《じつ》はまだ小《ちい》さく、黒《くろ》4が大《おお》きな手《て》になります。地《じ》の境界線《きょうかいせん》は、まずは2線《せん》、後《あと》で1線《せん》に打《う》つのがだいたいの場合《ばあい》によい考《かんが》え方《かた》です。実戦《じっせん》は白《しろ》が8に打《う》って黒石《くろいし》を取《と》りました。取《と》った石《いし》は碁笥《ごけ》のふたに入《い》れるのでしたね。

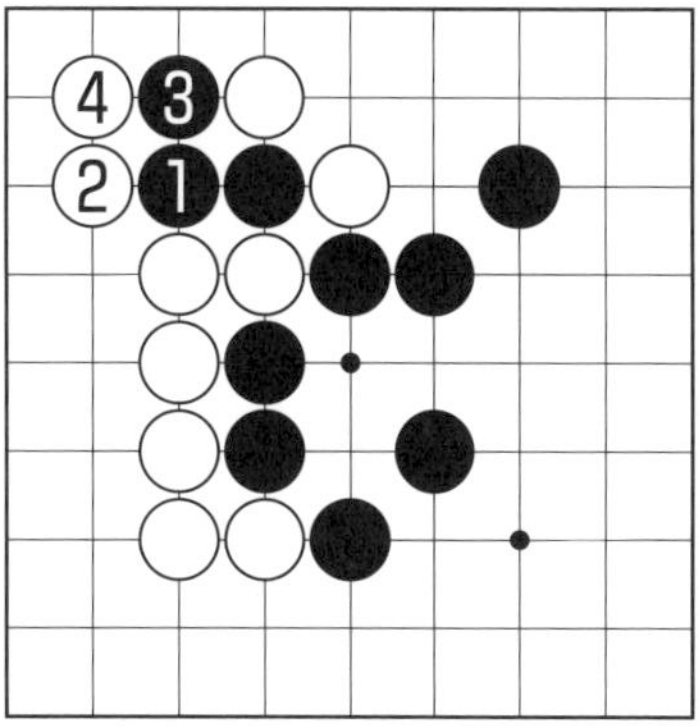

図2

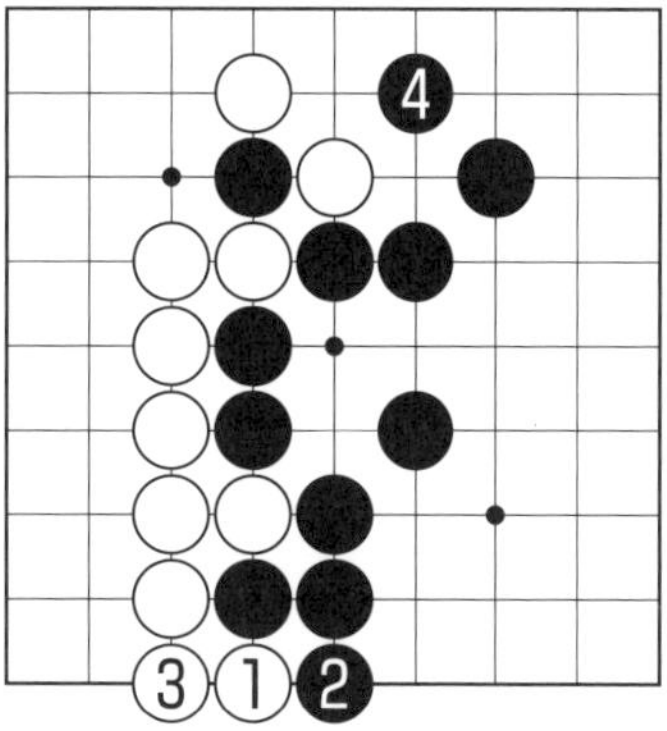

図3

対局例《たいきょくれい》①　第《だい》4譜《ぷ》

1線《せん》のハネツギも打《う》って、いよいよ終《しゅう》局《きょく》です。どちらが勝《か》ったでしょうか？白《しろ》には6目半《もくはん》のコミ（※Ｐ28参照《さんしょう》）もあるのでしたね。

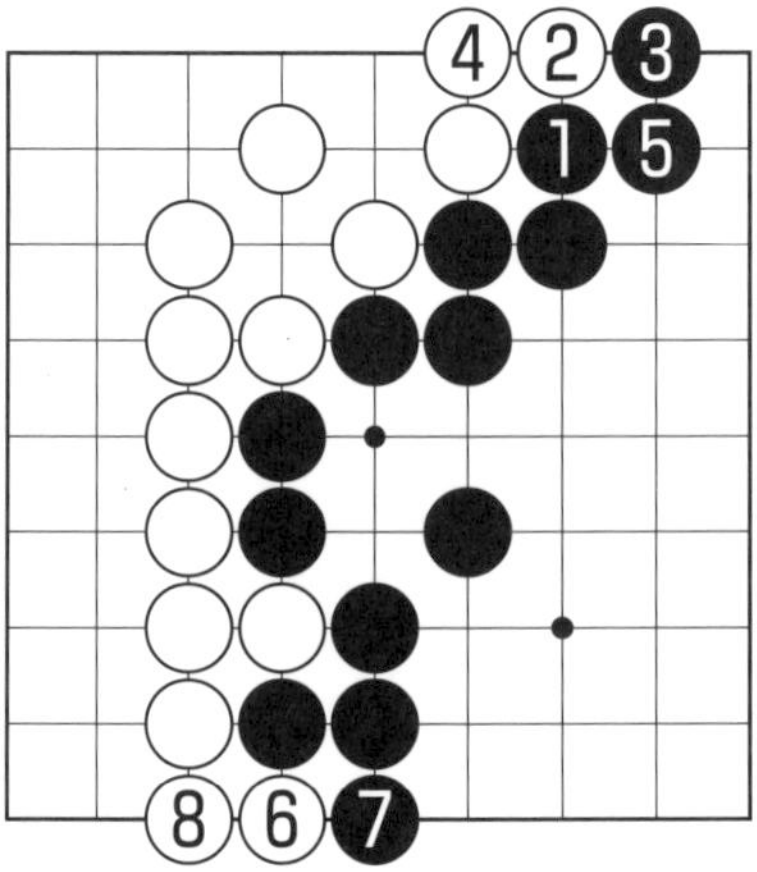

第4譜（1－8）

実戦《じっせん》の白《しろ》2はよい手《て》です。黒《くろ》に図《ず》1の1に打《う》たれても白《しろ》2と取《と》ればいいですね。第《だい》4譜《ぷ》のように黒《くろ》5に打《う》たないと、白《しろ》に5に切《き》られて困《こま》ります。8までお互《たが》いの地《じ》を増《ふ》やしたり減《へ》らしたりする場所《ばしょ》がなくなり、終局《しゅうきょく》です。それではお互《たが》いの地《じ》を数《かぞ》えましょう。

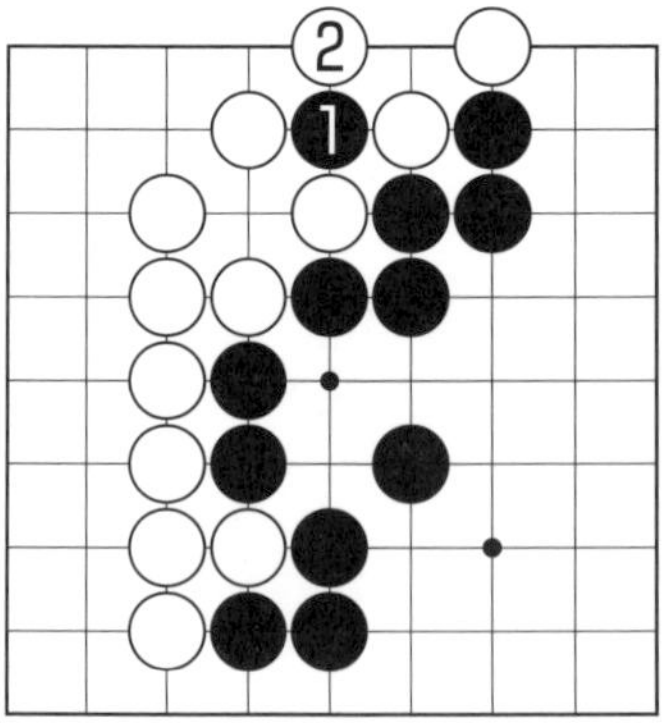

図1

白《しろ》が黒《くろ》を1個《こ》取《と》りましたね。まずはそのアゲハマを黒地《くろじ》に入《い》れます。例《たと》えば▲に入《い》れて、その後《あと》で黒白《くろしろ》ともにAの石《いし》をBにずらしてみます。この際《さい》に、お互《たが》いの境界線《きょうかいせん》が分《わ》からなくならないように気《き》をつけましょう。出来上《できあ》がったのが図《ず》3です。黒地《くろじ》は右下《みぎした》が5×4＝20目《もく》、右上が7目《もく》で合《あ》わせて27目《もく》。白地《しろじ》は左下《ひだりした》が5×2＝10目《もく》、左上《ひだりうえ》が3×5－1＝14目《もく》で、合《あ》わせて24目《もく》です。盤面《ばんめん》で黒《くろ》が3目勝《もくか》ちですが、コミが6目半《もくはん》あるので白《しろ》が3目《もく》半勝《はんか》ちになります。このように地《じ》を数《かぞ》えやすいようにする作業《さぎょう》を整地《せいち》と言《い》います。整地《せいち》の基本《きほん》は10目単位《もくたんい》の地《じ》を作《つく》ることですが、慣《な》れるまでは難《むず》しいので、最初《さいしょ》は碁《ご》が打《う》てる人《ひと》に手伝《てつだ》ってもらうといいでしょう。

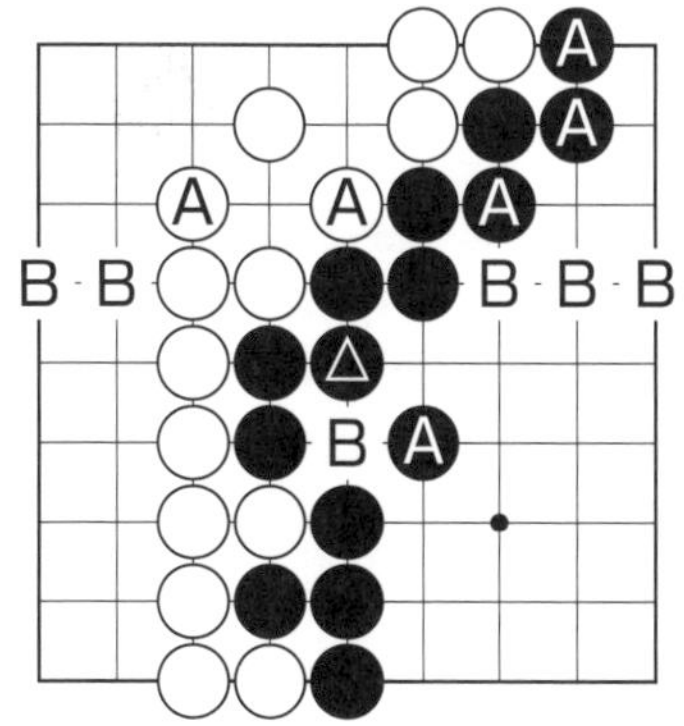

図2

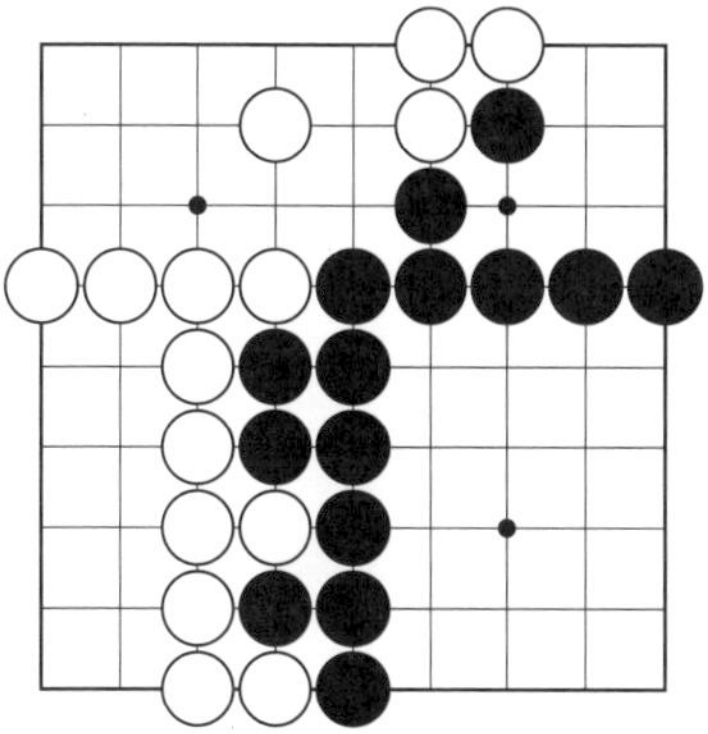
図3

対局例《たいきょくれい》②　第《だい》1譜《ぷ》

おや、今度《こんど》はいきなり白《しろ》2とツケていますね。しかも黒《くろ》3のハネには白《しろ》4と切《き》って、黒《くろ》を取《と》る気満々《きまんまん》のようです。お互《たが》いに危険《きけん》な香《かお》りのする立《た》ち上《あ》がりです。

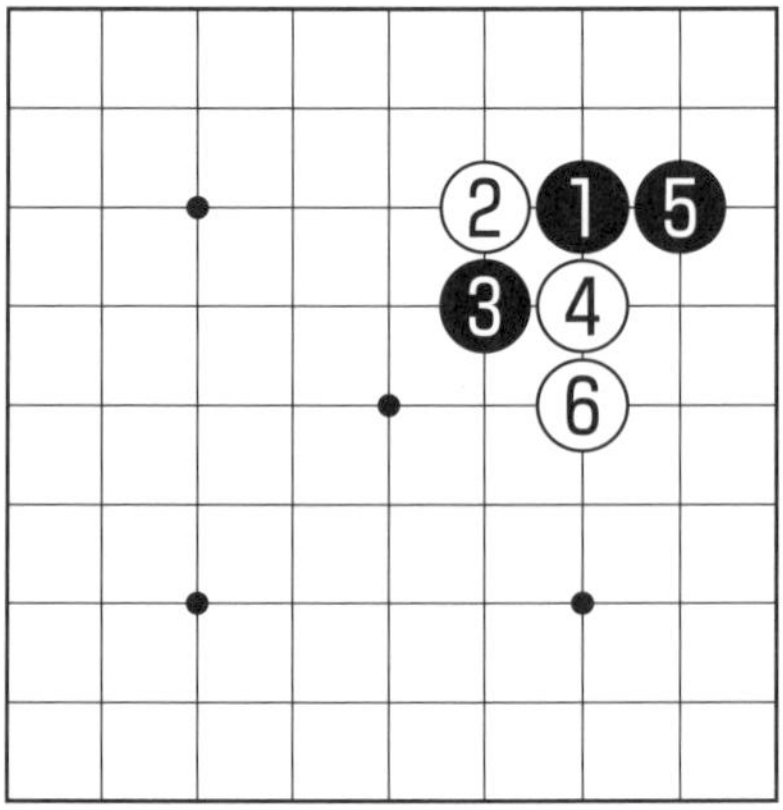

第1譜（1－6）

黒《くろ》が▲にハネたとき、白《しろ》1に打《う》つと安全《あんぜん》です。白《しろ》1の手《て》を「ノビ」と言《い》います。白《しろ》が1にノビたら、黒《くろ》は2にツイで切《き》られないようにします。この2までは接近戦《せっきんせん》でよく出《で》てくる形《かたち》です。

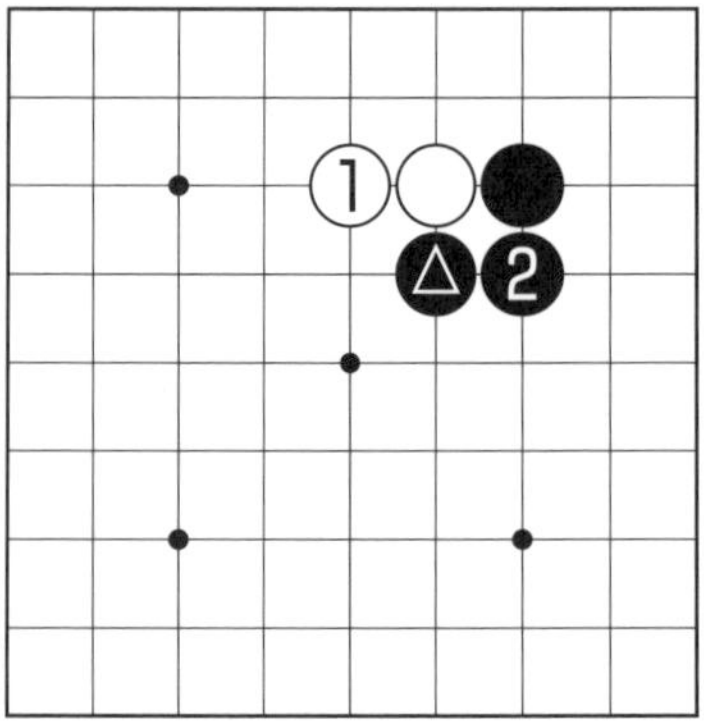

図1

黒《くろ》5の手《て》では、思《おも》わず1にアタリしたくなるかもしれません。すると白《しろ》2に逃《に》げた後《あと》、白《しろ》からAのシチョウやBのキリのねらいができて、かえって黒《くろ》が困《こま》りそうです。アタリはむやみにしない方《ほう》がいいことが多《おお》いのですが、いろいろ試《ため》しながら自然《しぜん》に身《み》につけていけばいいと思《おも》います。

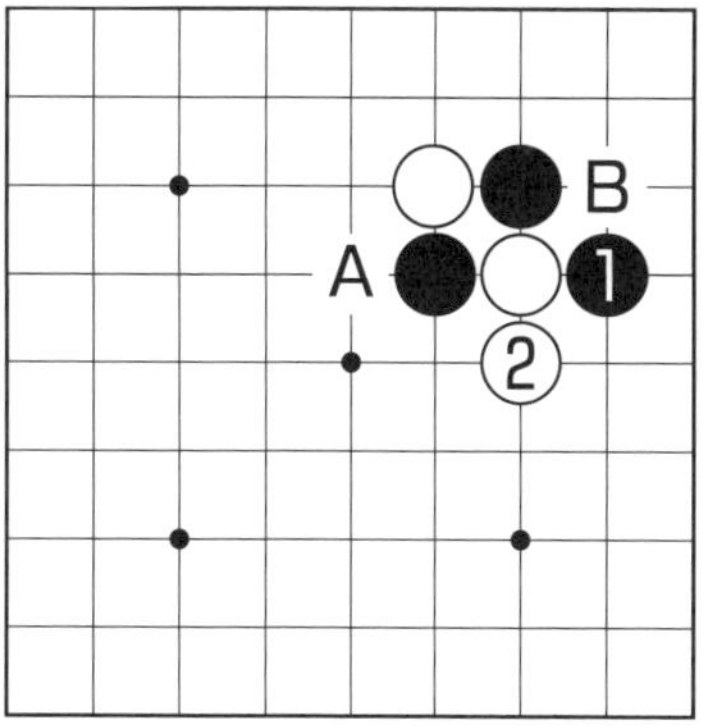

図2

白《しろ》6で1にノビると、黒《くろ》2で△が取《と》られます。白《しろ》6でそれを防《ふせ》ぎました。

しかしそれでも、黒《くろ》は次《つぎ》に白《しろ》を取《と》る手《て》があります。次《つぎ》のページを見《み》る前《まえ》に少《すこ》し考《かんが》えてみましょう。

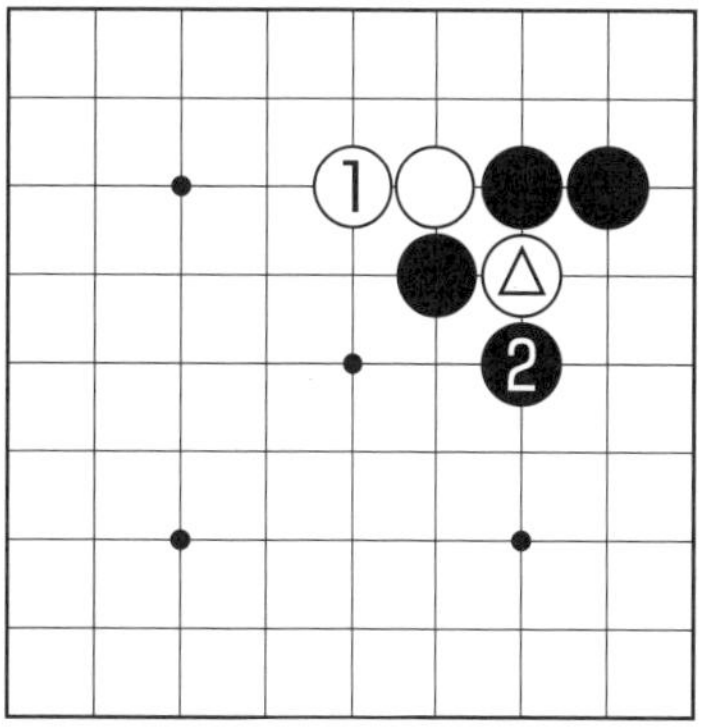

図3

対局例《たいきょくれい》②　第《だい》2譜《ふ》

黒《くろ》1、3で白《しろ》に逃《に》げ場《ば》はありません。何《なん》とかしようとがんばってみても、白《しろ》が少《すこ》しずつ苦《くる》しくなっていくようです……。

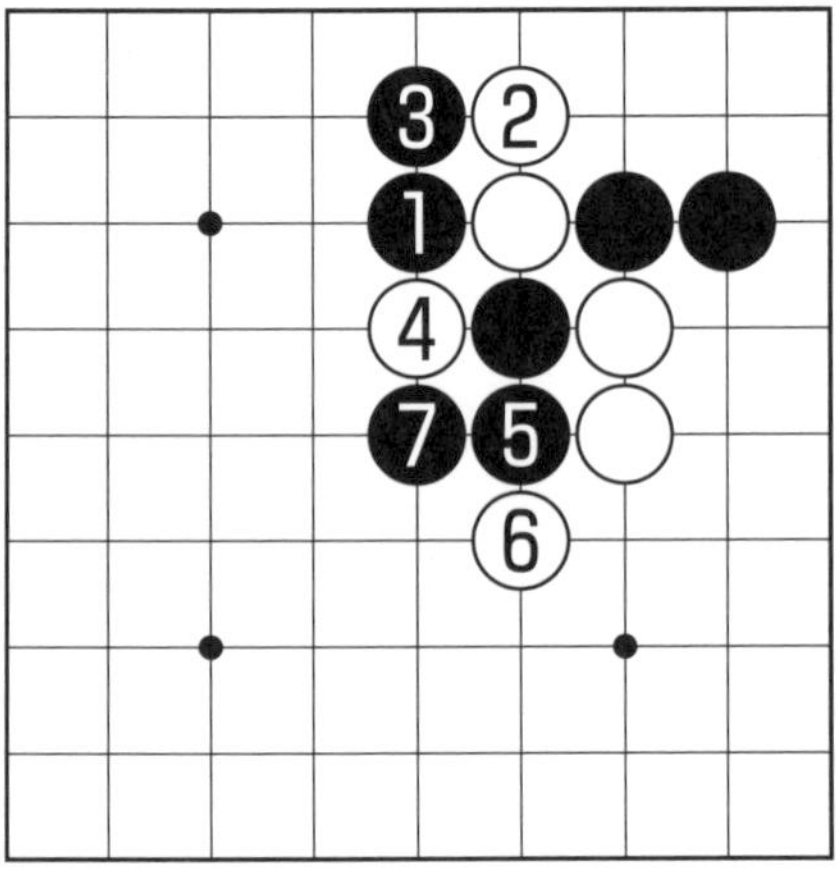

第2譜（1−7）

黒《くろ》1から取《と》りに行《い》くと、白《しろ》が広《ひろ》い方《ほう》へノビてしまいます。白《しろ》4で、逆《ぎゃく》にシチョウで取《と》られてしまいましたね。石《いし》を取《と》りに行《い》くときは、実戦譜《じっせんふ》の黒《くろ》1、3のように相手《あいて》の石《いし》を盤《ばん》の端《はし》の方《ほう》へ追《お》いかけるのが正《ただ》しい方法《ほうほう》です。

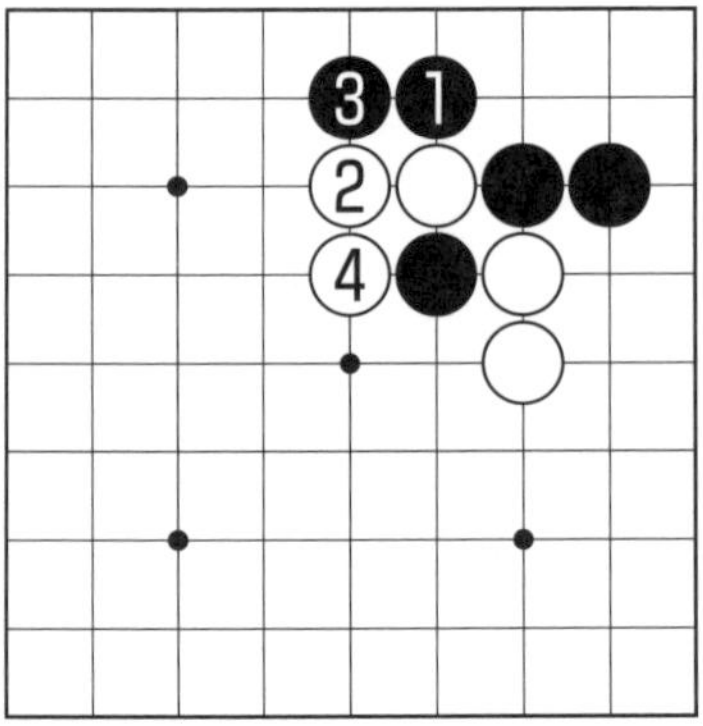

図1

実戦譜《じっせんふ》（第《だい》2譜《ふ》）の白《しろ》4で、1から隅《すみ》の黒《くろ》を取《と》りに行《い》くのもうまくいきません。黒《くろ》4で白《しろ》がアタリになり、黒《くろ》が白《しろ》を取《と》れています。

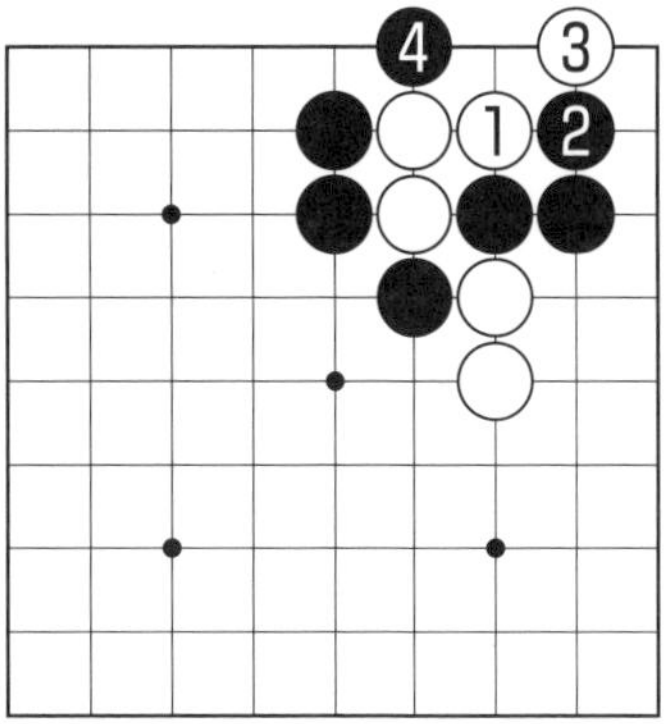

図2

図《ず》3のように白《しろ》1に追《お》いかけるとシチョウに見《み》えますが、そうではありませんね。黒《くろ》はたくさん逃《に》げた後《あと》で12に取《と》ればよく、白《しろ》はアタリや両《りょう》アタリがたくさん残《のこ》って大失敗《だいしっぱい》です。白《しろ》は気《き》づいているのでしょうか……？

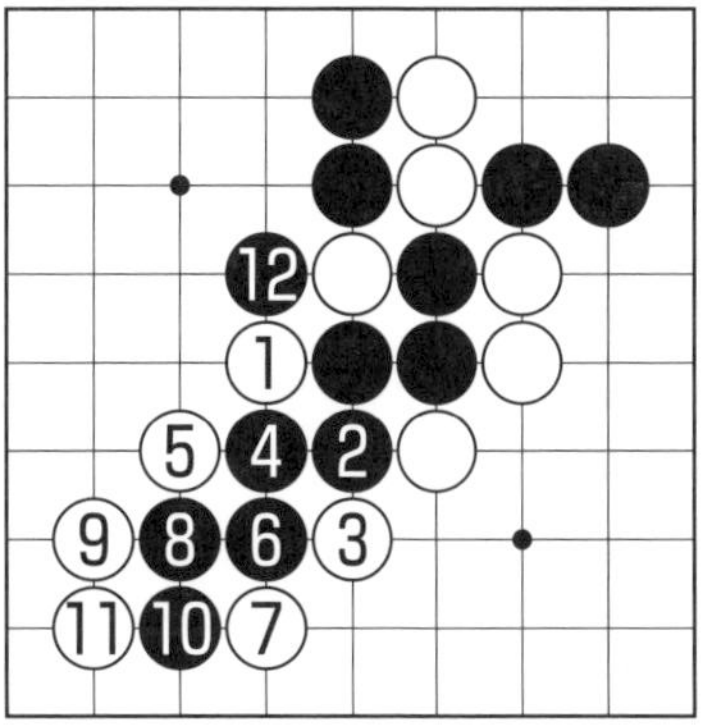

図3

対局例《たいきょくれい》②　第《だい》3譜《ぷ》

黒《くろ》を取《と》るのはあきらめて、白《しろ》1から白《しろ》地《じ》を作《つく》ろうとしたのは賢《かしこ》い方法《ほうほう》です。白《しろ》5で白地《しろじ》も大《おお》きく見《み》えたのですが、黒《くろ》6と切《き》られてしまいました。さてどうなるのでしょう？

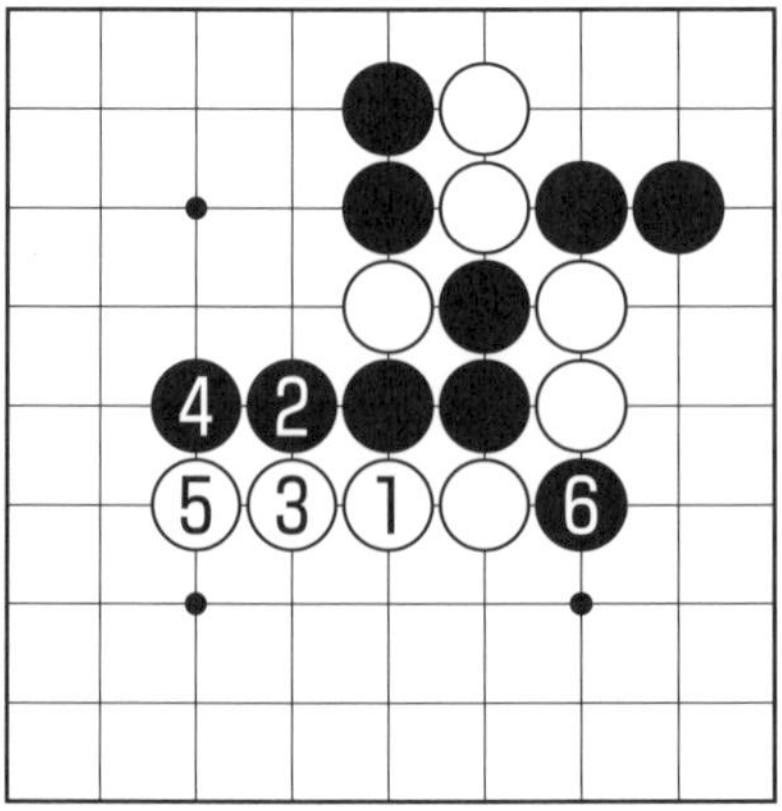

第3譜（1－6）

白《しろ》がアタリの石《いし》を1に逃《に》げても、△の白《しろ》は取《と》られているのでどの黒石《くろいし》も取《と》れません。たとえば6までのようになりますが、白地《しろじ》ができにくくてよい打《う》ち方《かた》ではありません。

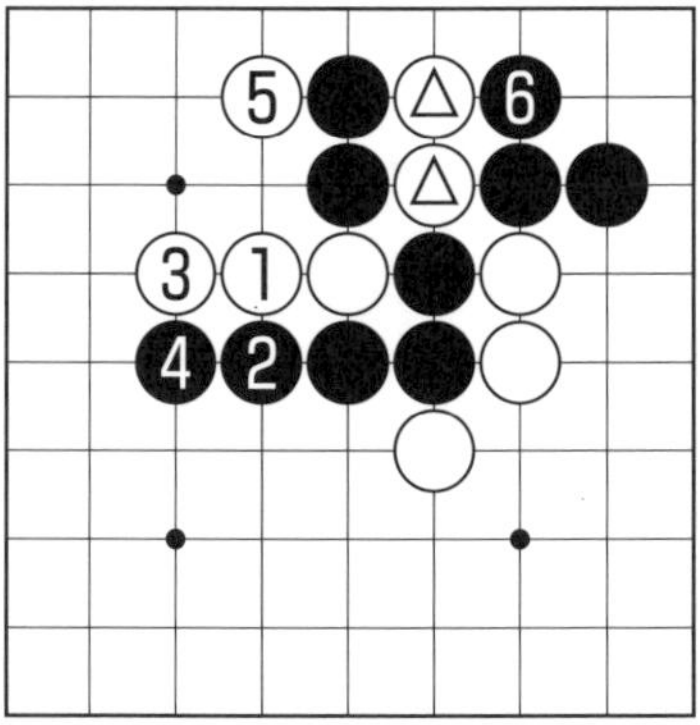

図1

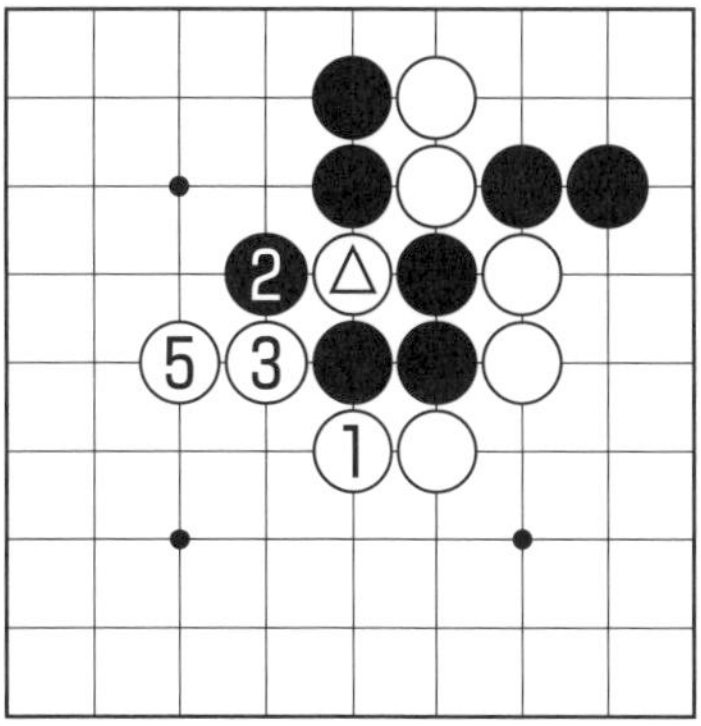

図2

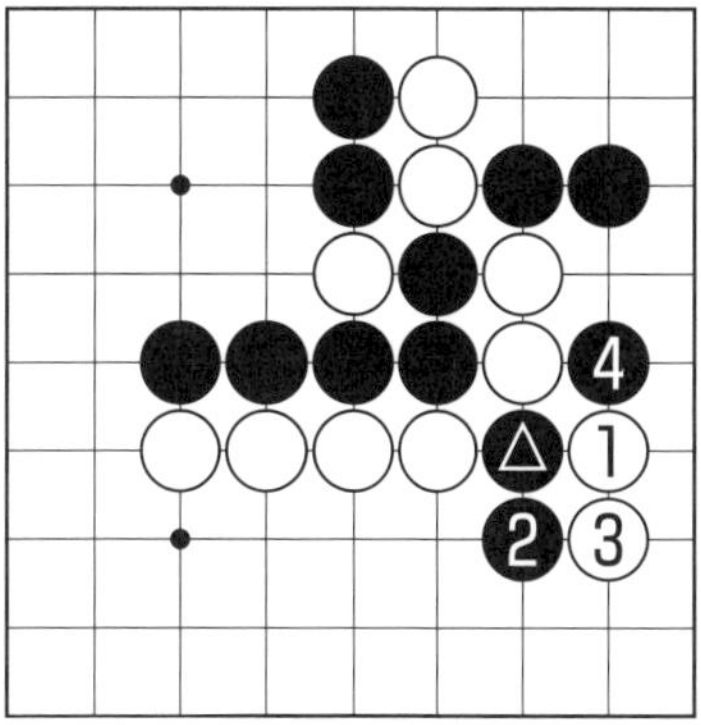

図3

△がアタリと分《わ》かっていて、白《しろ》1と打《う》ったのはよい打《う》ち方《かた》です。黒《くろ》が2に取《と》ると、5までのようになって下の方《ほう》に白《しろ》地《じ》が大《おお》きくできそうです。このような打《う》ち方《かた》を「捨《す》て石《いし》」といって、小《ちい》さい石《いし》を捨《す》てて大《おお》きな得《とく》をしようという高度《こうど》な作戦《さくせん》です。雰囲気《ふんいき》を感《かん》じてみてください（黒《くろ》は4手目《てめ》で△にツギました）。

黒《くろ》もその作戦《さくせん》に乗《の》らずに実戦譜《じっせんふ》（第《だい》3譜《ぷ》）2にノビたのがよい手《て》です。上《うえ》の方《ほう》に大《おお》きな黒地《くろじ》ができそうです。

実戦譜《じっせんふ》（第《だい》3譜《ぷ》）の黒《くろ》6、図《ず》3の▲に切《き》った手《て》は鋭《するど》い手《て》です。たとえば白《しろ》1、3と打《う》つと、黒《くろ》4で白《しろ》2個《こ》が取《と》れています。白《しろ》は再《ふたた》びピンチを迎《むか》えてしまったようです。

対局例《たいきょくれい》②　第《だい》4譜《ぷ》

白《しろ》1から黒《くろ》を取《と》ろうとがんばりましたが、結局《けっきょく》6まで黒《くろ》に取《と》られてしまいました。こうなると、黒地《くろじ》が白地《しろじ》よりかなり大《おお》きくなったようです。

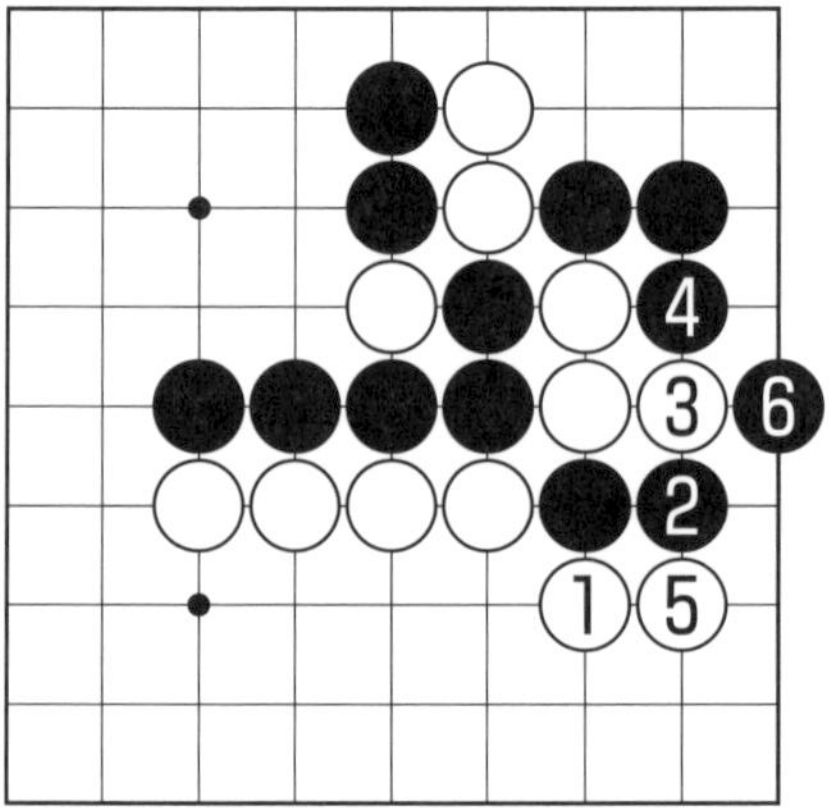

第4譜（1－6）

△に切《き》られると、白《しろ》は助《たす》かる方法《ほうほう》はありません。白《しろ》1のアタリの後《あと》、3に打《う》つ方《ほう》が本当《ほんとう》は正《ただ》しいですが、黒《くろ》4でやはり白《しろ》2個《こ》は取《と》られてしまいます。

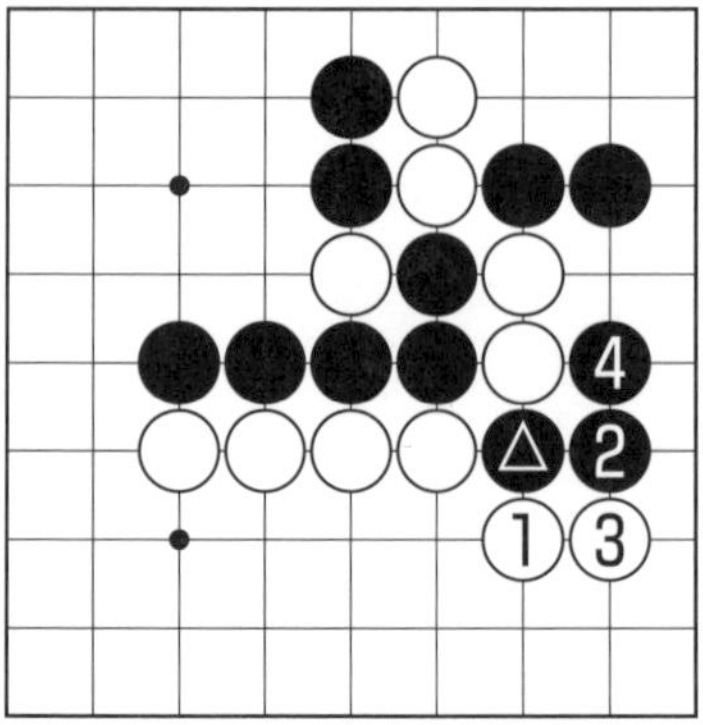

図1

黒《くろ》が白《しろ》を取《と》った後《あと》の図《ず》です。△も死《し》んでいる石《いし》で、明《あき》らかに黒地《くろじ》が大《おお》きそうですね。

ここでなんと、白《しろ》は投了《とうりょう》してしまいました。投了《とうりょう》とは、途中《とちゅう》で負《ま》けを認《みと》めて降《こう》参《さん》することでしたね。白《しろ》にはアゲハマがないので、きちんと「負《ま》けました」と言《い》って投了《とうりょう》しました。このような勝《か》ち方《かた》を、黒《くろ》の「中押勝《ちゅうおしが》ち」と言《い》います。

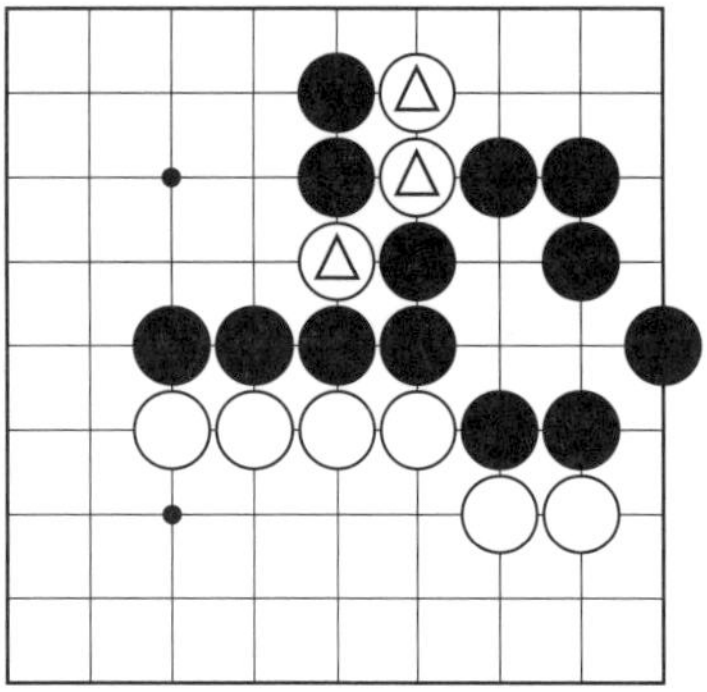

図2

負《ま》けてはしまいましたが、しっかりあいさつして投了《とうりょう》できたのは立派《りっぱ》です。勝《か》っているか負《ま》けているか分《わ》からないときはもちろん投了《とうりょう》しなくていいですが、囲碁《いご》に慣《な》れてくると、こうなったら負《ま》けかな、という判断《はんだん》が少《すこ》しずつできていきます。それは強《つよ》くなった証拠《しょうこ》。負《ま》けを認《みと》めてきちんと投了《とうりょう》できるのはすばらしいことです。

この碁《ご》を振《ふ》り返《かえ》ると、白《しろ》は最初《さいしょ》から黒《くろ》を取《と》りにいこうとしたのがあまりうまくいかなかったですね。でもいろんな打《う》ち方《かた》を自由《じゆう》にできるのが囲碁《いご》のよいところです。失敗《しっぱい》を次《つぎ》に生《い》かして、次《つぎ》の一局《いっきょく》をがんばって打《う》てば、どんどん強《つよ》くなっていきますよ！

こらむ

●これで9路盤《ろばん》で対局《たいきょく》できる

この本《ほん》に書《か》いてあることはマスターできたかな？　これで、9路盤《ろばん》で対局《たいきょく》できるようになりました。チャレンジしてみましょう。近《ちか》くに囲碁《いご》が打《う》てる友達《ともだち》がいたら打《う》ってみましょう。

周《まわ》りに囲碁《いご》ができる人がいない時《とき》は、例《たと》えばスマホアプリなどを使《つか》ってみましょう。いつでもオンラインで対局《たいきょく》できるので、練習《れんしゅう》に最適《さいてき》です。

これらのゲームでは13路盤《ろばん》も選《えら》べるので、9路盤《ろばん》である程度《ていど》打《う》てるようになったら、13路盤《ろばん》へのステップアップの練習《れんしゅう》にも使《つか》えます。ネット対戦型《たいせんがた》なので、負《ま》ければ口惜《くや》しいですし、自分《じぶん》のポイントも下《さ》がります。石《いし》の取《と》り方《かた》、取《と》られ方《かた》のパターンをどんどん覚《おぼ》えて、強《つよ》くなってください。

なお、囲碁《いご》、将棋《しょうぎ》、オセロの3種目《しゅもく》を同《おな》じ相手《あいて》と対戦《たいせん》するトライボーディアンという大会《たいかい》がありますが、その時《とき》の囲碁《いご》の競技《きょうぎ》は9路盤《ろばん》で行《おこな》われています。

第《だい》5章《しょう》

勝《か》ちを決《き》める手《て》をみつけよう

●この章《しょう》の説明《せつめい》

この章《しょう》では実戦《じっせん》をイメージした問題《もんだい》を8問《もん》用意《ようい》しました。勝《か》ちを決《き》める手《て》、と言《い》っても、囲碁《いご》は勝敗《しょうはい》の判断《はんだん》が難《むずか》しいものです。ですがそこは心配《しんぱい》しなくて大《だい》丈夫《じょうぶ》。入門編《にゅうもんへん》、そしてこの実戦編《じっせんへん》で勉強《べんきょう》してきたいい手《て》を見《み》つけることができれば、自然《しぜん》に勝《か》てるような問題《もんだい》になっています。

ただし、どこにどういう手《て》があるかはみなさんが見《み》つけなくてはいけません。よく出《で》てきそうな形《かたち》を選《えら》びましたので、きっと実際《じっさい》に囲碁《いご》を打《う》つときに役《やく》に立《だ》つはずです。

コミも6目半《もくはん》ありますが、細《こま》かいことは気《き》にしなくて結構《けっこう》です。それではよい手《て》を見《み》つけられるように、がんばってください！

＊問題《もんだい》はすべて白番《しろばん》になっています。

レベルの説明《せつめい》

★……基本問題《きほんもんだい》。ここはクリアしたい。

★★……少し難《むずか》しくなりますががんばって！

★★★…難問《なんもん》。いきなりできたら天才《てんさい》かも!?

問題《もんだい》①★

終局《しゅうきょく》かな、という局面《きょくめん》ですがそうではありません。白《しろ》の勝《か》ちを決《き》める次《つぎ》の一手《いって》を探《さが》してください。

(答《こたえ》はP79にあります)

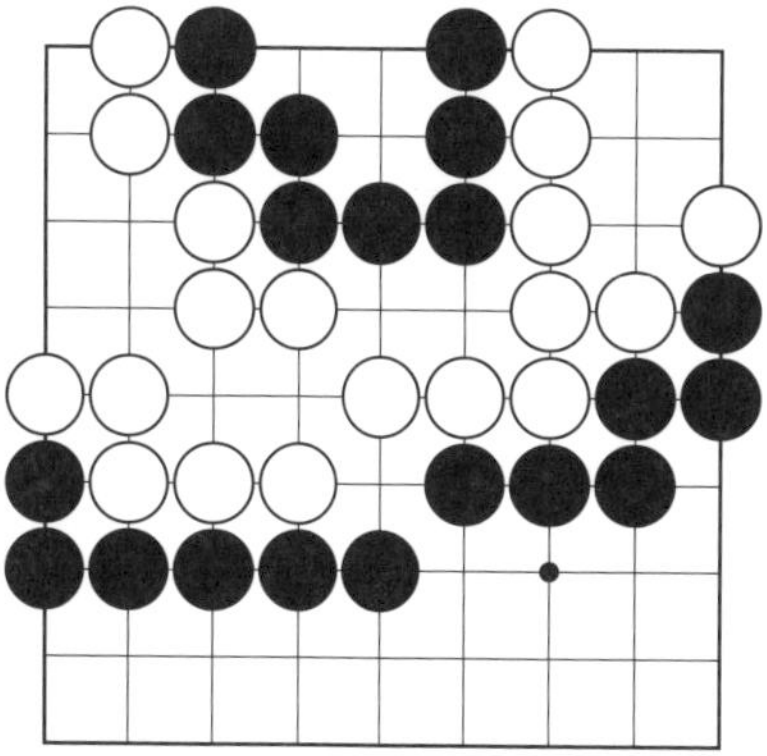

答《こた》え①

正解《せいかい》

白《しろ》1で黒《くろ》を殺《ころ》すことができます。「三目《もく》ナカデ」でしたね。ここに打《う》てたら地《じ》を数《かぞ》えるときに上半分《うえはんぶん》の黒《くろ》を取《と》り上げることができ、白《しろ》の圧勝《あっしょう》です。

失敗《しっぱい》

白《しろ》1には黒《くろ》は手抜《てぬ》きで2に生《い》きてしまいます。こうなると黒地《くろじ》が多《おお》いです。

白《しろ》1は、地《じ》にも関係《かんけい》のない場所《ばしょ》で、「ダメ」です。入門編《にゅうもんへん》のP33に出《で》てきましたが覚《おぼ》えていますか？

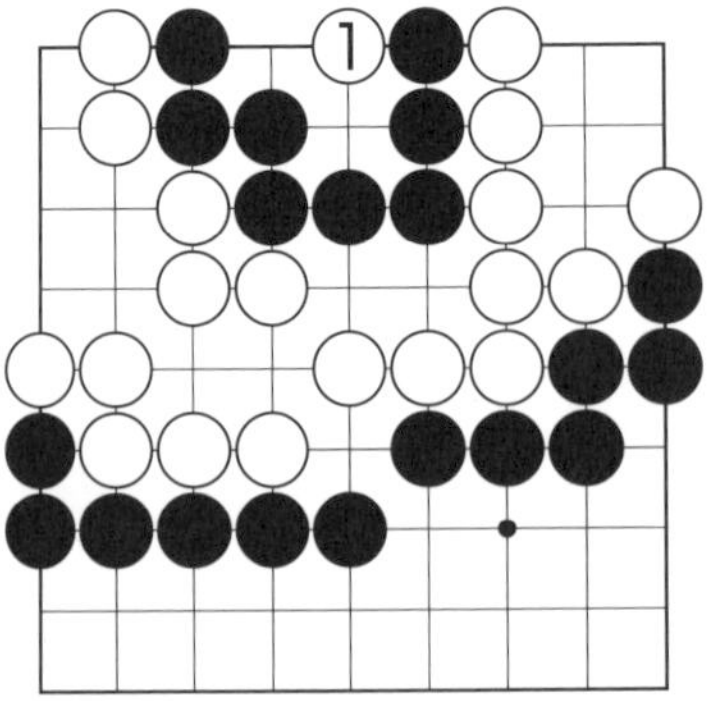

正解図《せいかいず》

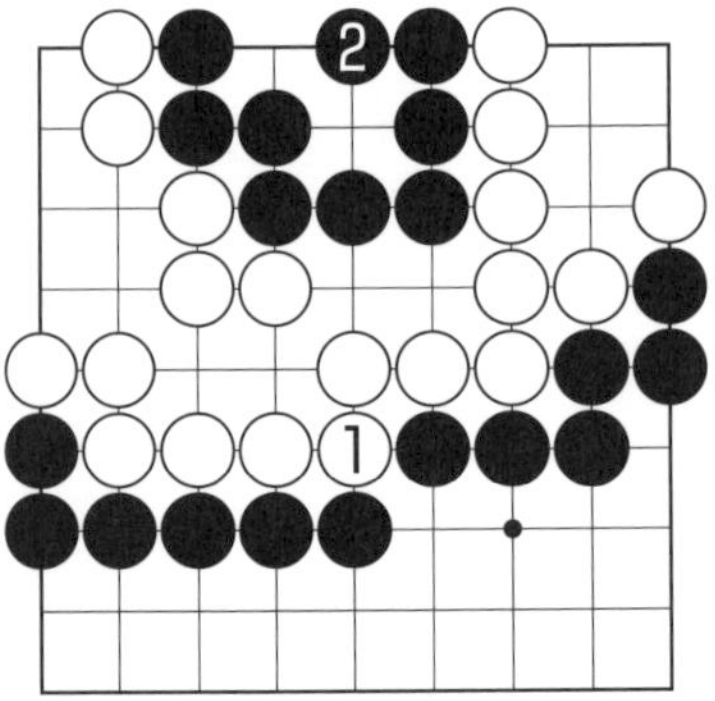

失敗図《しっぱいず》

●問題《もんだい》②★

すごく大事《だいじ》な場所《ばしょ》が残《のこ》っていますね。
正《ただ》しい手《て》を見《み》つけてください。
(答《こたえ》はP82にあります)

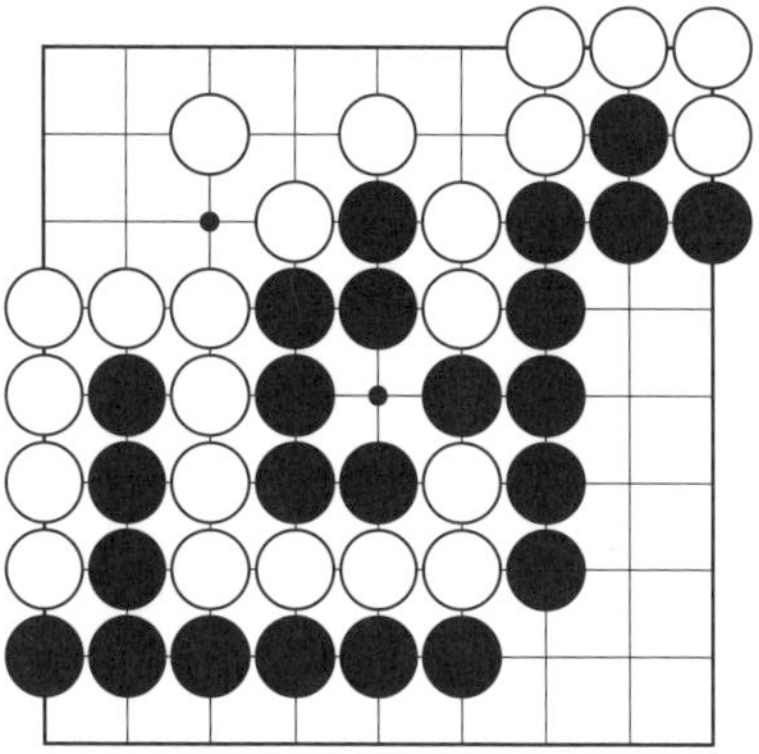

答《こた》え②

正解《せいかい》

白《しろ》1で▲が全部《ぜんぶ》取《と》れることに気《き》づきましたか？　大《おお》きい石《いし》のアタリは実戦《じっせん》で見《み》逃《のが》しやすいので注意《ちゅうい》しましょう。

失敗《しっぱい》

白《しろ》がアタリになっているので1にツイだ人《ひと》は残念《ざんねん》！　黒《くろ》2にツガれてせっかくのチャンスを逃《のが》してしまいました。

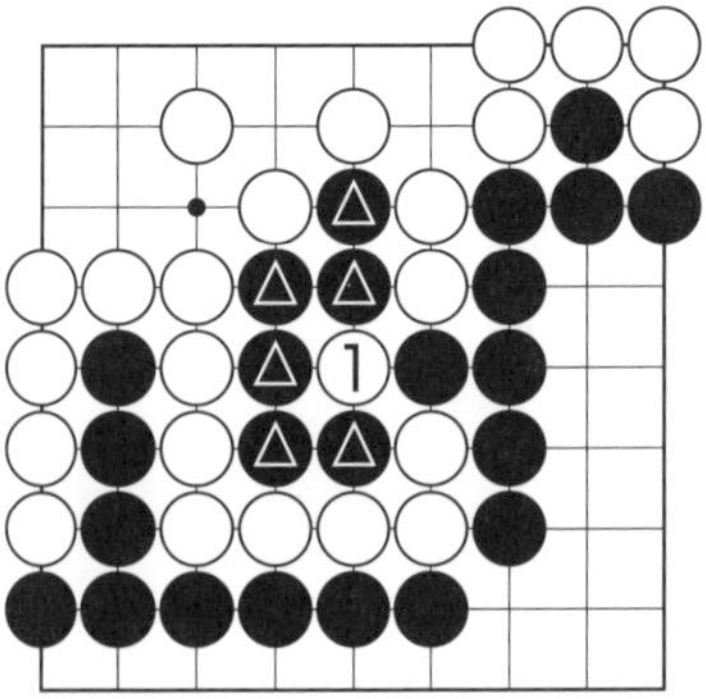

正解図《せいかいず》

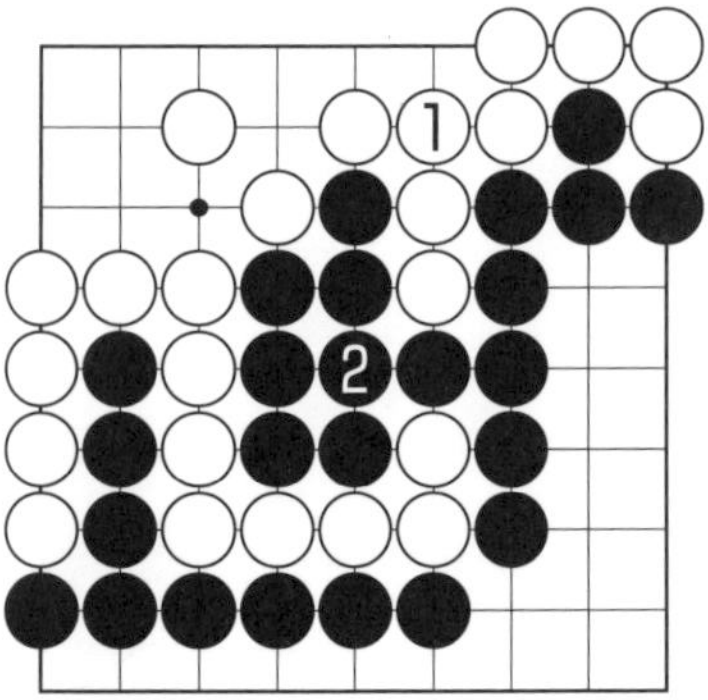

失敗図《しっぱいず》

問題《もんだい》③★

大事《だいじ》なところが残《のこ》っています。地《じ》の境界線《きょうかいせん》がまだ決《き》まってないですね。

（答《こた》えはP84にあります）

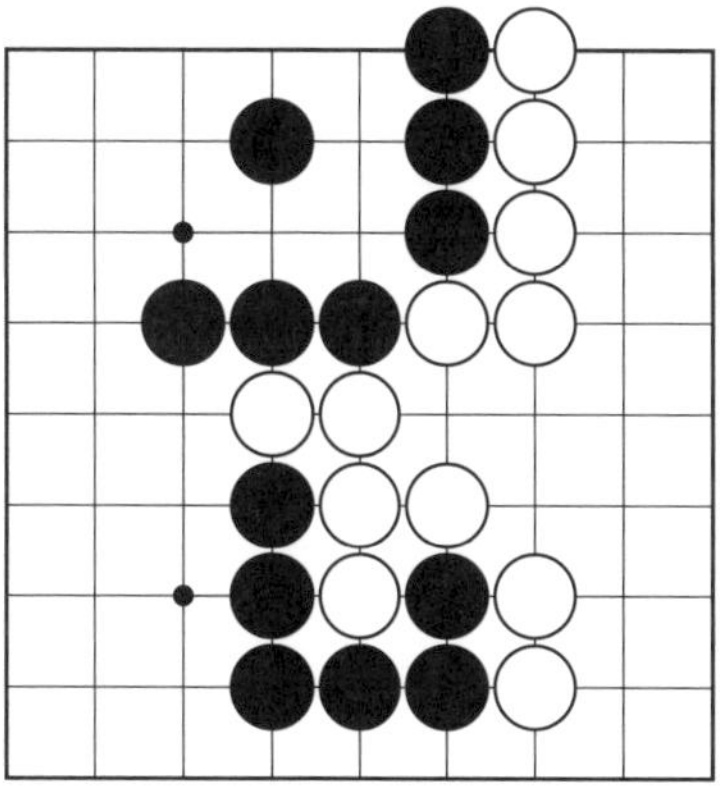

まだまだ★《ほし》一つ。

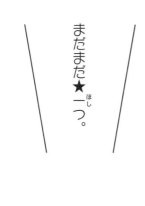

答《こた》え③

正解《せいかい》

白《しろ》1で黒地《くろじ》を上下《じょうげ》に分断《ぶんだん》できます。黒《くろ》2にも白《しろ》3で、黒地《くろじ》がものすごく小《ちい》さくなります。こういう形《かたち》ができたら、ほとんどの場合《ばあい》で勝《か》てます。

失敗《しっぱい》

白《しろ》1のハネも地《じ》の境界線《きょうかいせん》ではありましたが、黒《くろ》2に打《う》たれると黒地《くろじ》が正解図《せいかいず》とずいぶん違《ちが》いますね。こうなると白地《しろじ》が足《た》りません。

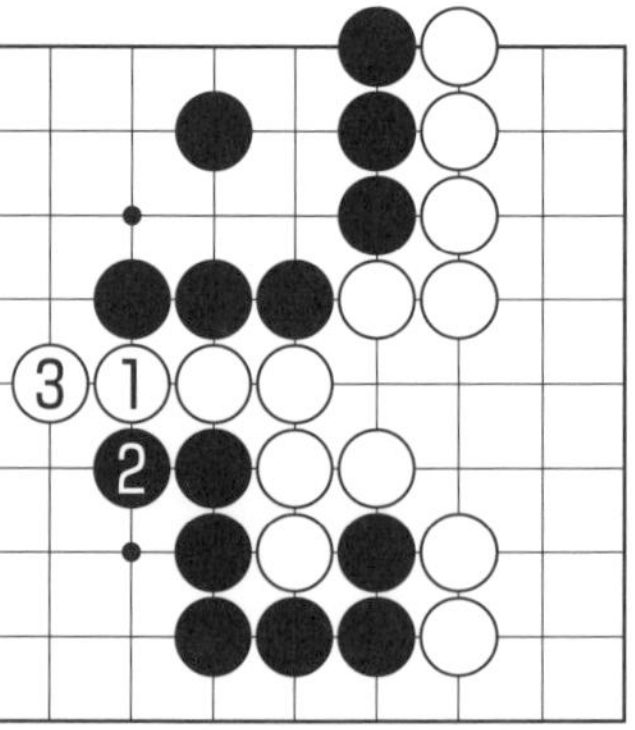

正解図《せいかいず》

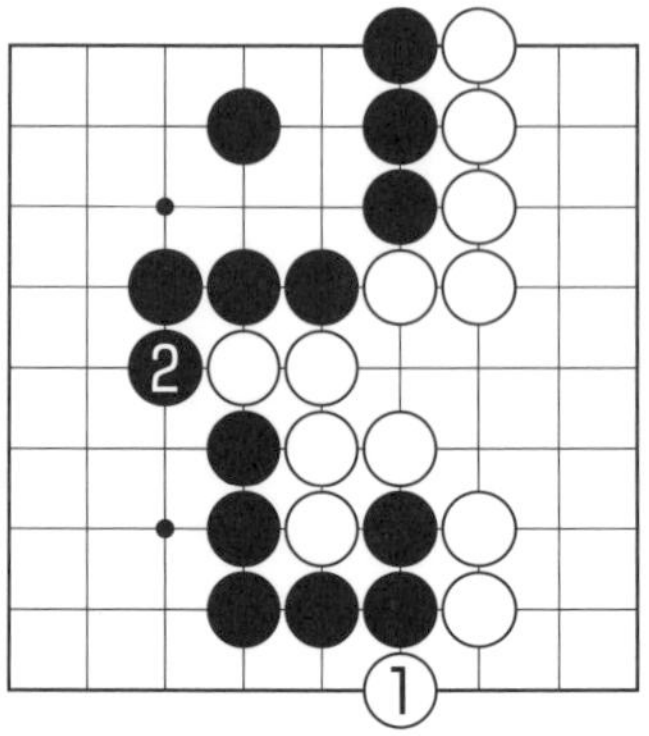

失敗図《しっぱいず》

問題《もんだい》④★★

大事《だいじ》な場所《ばしょ》が残《のこ》っています。次《つぎ》の一手《いって》はもちろん……？

（答《こたえ》はP86にあります）

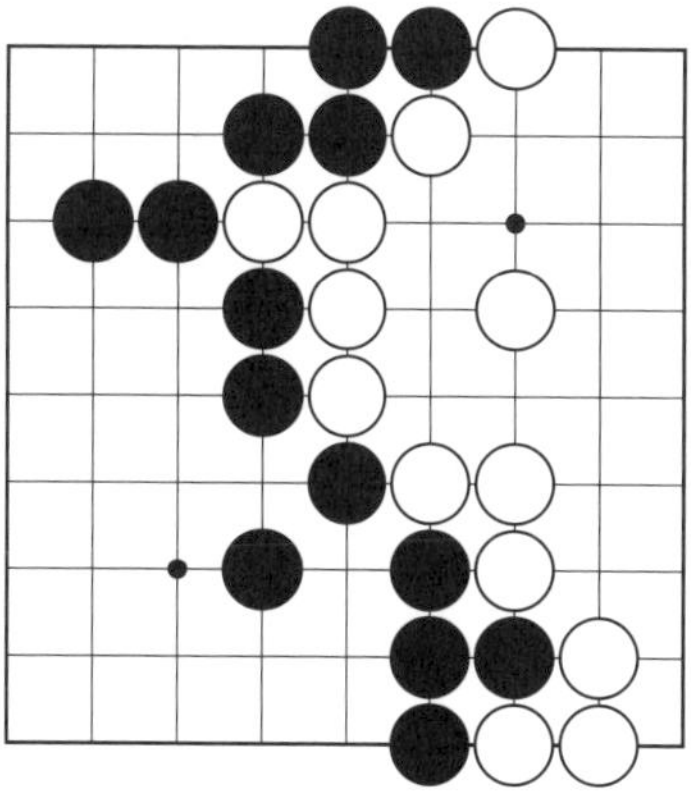

答《こた》え④

正解《せいかい》　白《しろ》1のキリを見《み》つけることができましたか？　黒《くろ》4個《こ》がアタリですが、黒《くろ》は逃《に》げられない形《かたち》です。

失敗《しっぱい》　白《しろ》1にツグ手《て》も大事《だいじ》なのですが、この場合《ばあい》はチャンスを逃《のが》してしまいます。黒《くろ》は2のツギを忘《わす》れてはいけませんよ。

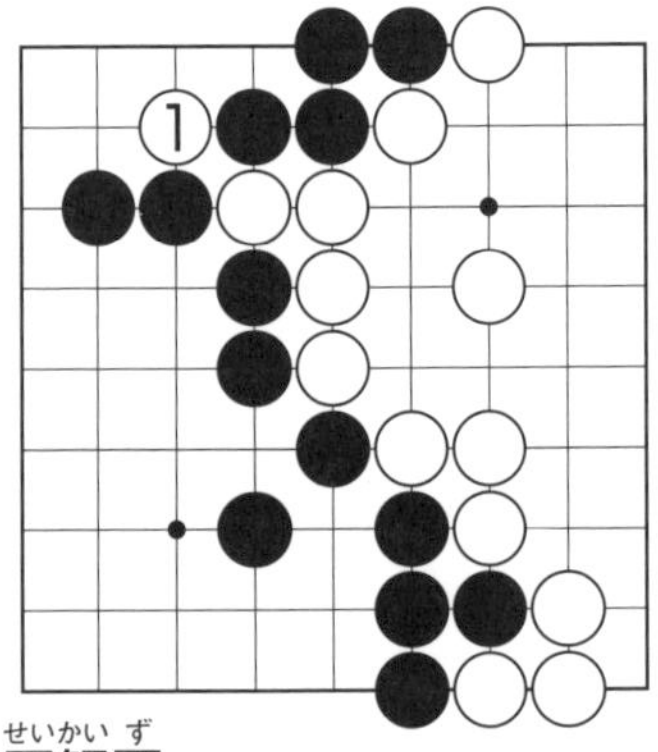

正解図《せいかいず》

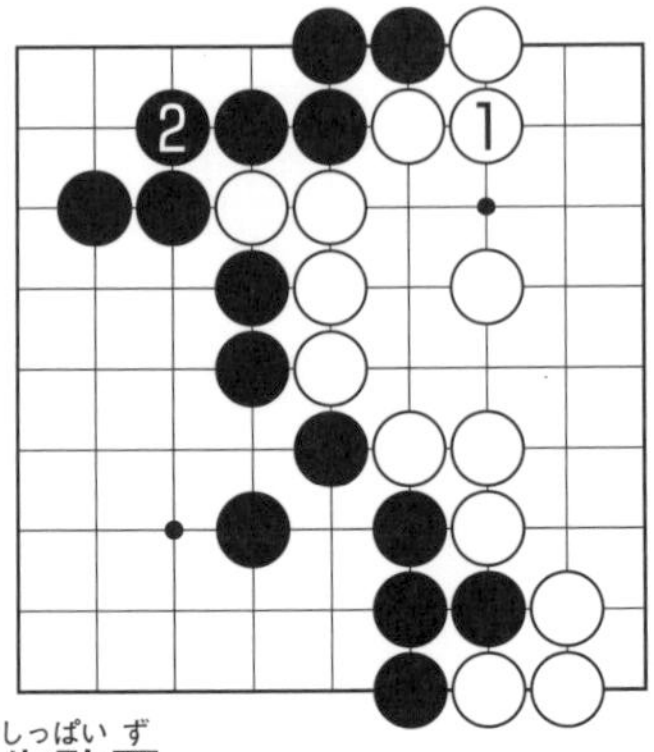

失敗図《しっぱいず》

問題《もんだい》⑤★★

終局《しゅうきょく》まであと少《すこ》しですが、何《なん》だか気《き》になるところがありませんか？　こういうところがすぐにピンとくるようになると、実際《じっさい》の対局《たいきょく》でもすごく役《やく》に立《だ》つはずです。（答《こたえ》はP88にあります）

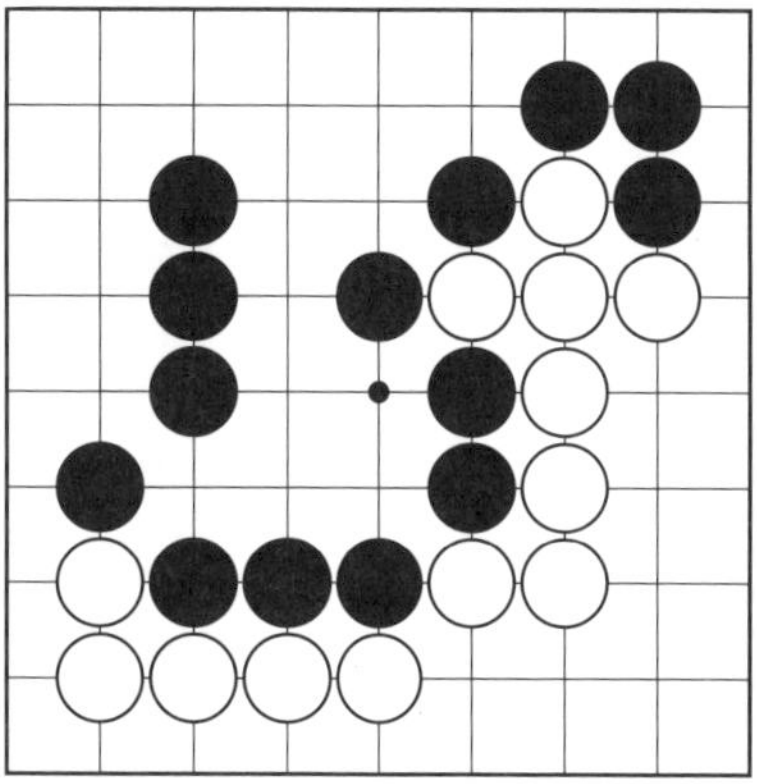

あえてノーヒント

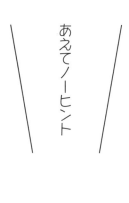

答《こた》え⑤

正解《せいかい》

まず白《しろ》1に切《き》ります。黒《くろ》が2にツイだら白《しろ》3で両《りょう》アタリになり、黒地《くろじ》が破《やぶ》れます。

なお最初《さいしょ》に白《しろ》3に切《き》り、黒《くろ》がAにツイだときに白《しろ》1の手順《てじゅん》も両《りょう》アタリになり、正解《せいかい》です。切《き》る場所《ばしょ》がたくさんある形《かたち》は要注意《ようちゅうい》ですね。

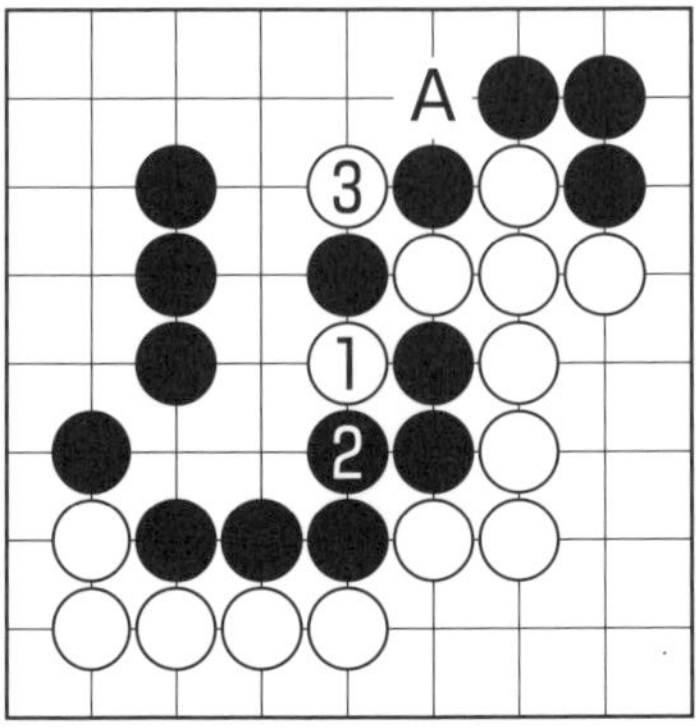

正解図《せいかいず》

失敗《しっぱい》

白《しろ》1に切《き》ると、黒《くろ》2にツガれて何《なに》も起《お》こらなくなってしまいます。白《しろ》3に逃《に》げても黒《くろ》4にツガれてどの石《いし》も取《と》れません。

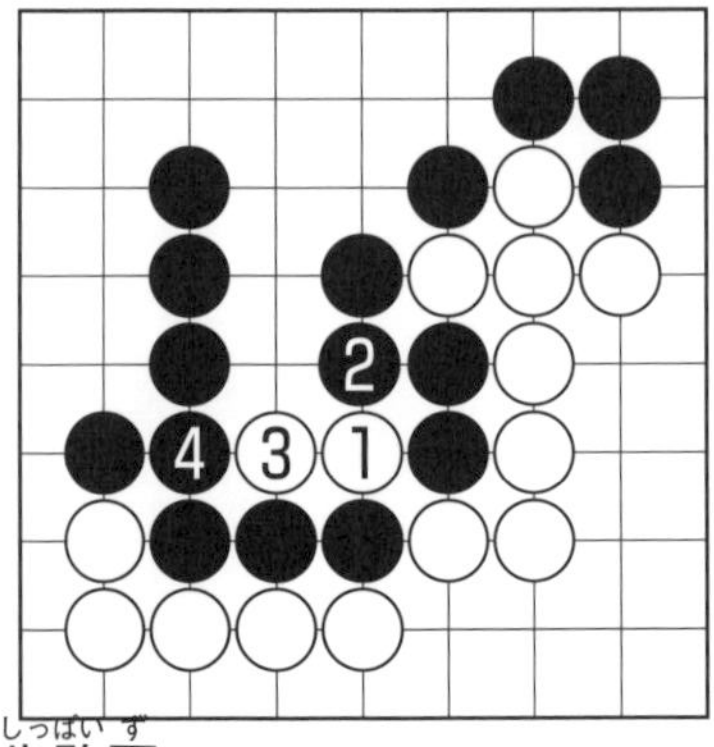

失敗図《しっぱいず》

●問題《もんだい》⑥　★★

大事《だいじ》なのは地《じ》の境界線《きょうかいせん》だけではありません。どこかに忘《わす》れ物《もの》がありますよ。

（答《こたえ》はP90にあります）

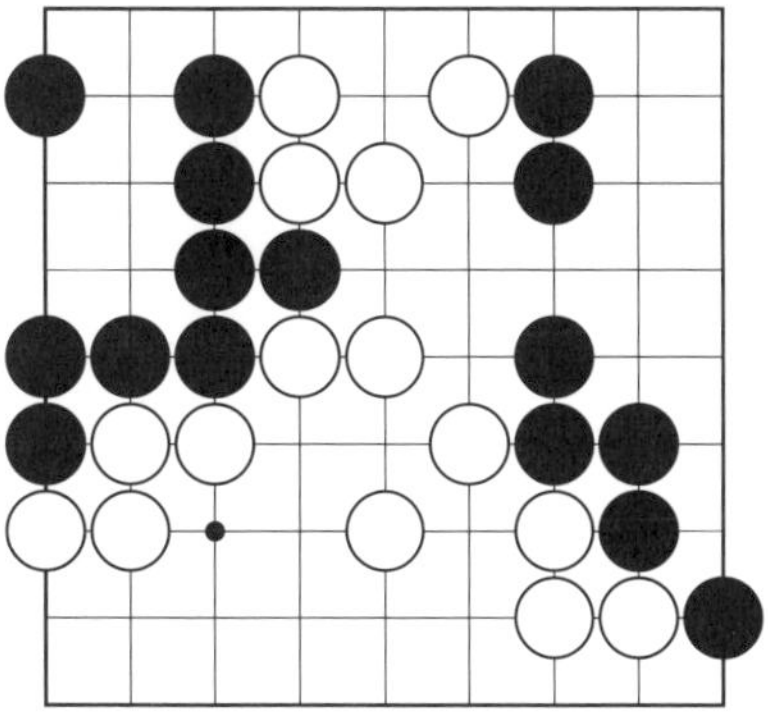

時《とき》には守《まも》りも考《かんが》えないと…。

答《こた》え⑥

正解《せいかい》

白《しろ》1のツギが大事《だいじ》で、ここを忘《わす》れなければ白《しろ》の勝《か》ちです。勝《か》ちを決《き》めるには相手《あいて》をねらうだけではなく、自分《じぶん》の守《まも》りをしっかり固《かた》めることも時《とき》には大事《だいじ》なのです。

失敗《しっぱい》

白《しろ》1にハネて黒地《くろじ》を減《へ》らそうとすると、すかさず黒《くろ》2に出《で》られてしまいます。すると白《しろ》は切《き》り離《はな》されてしまい、二眼《にがん》もできないので死《し》んでしまいます。

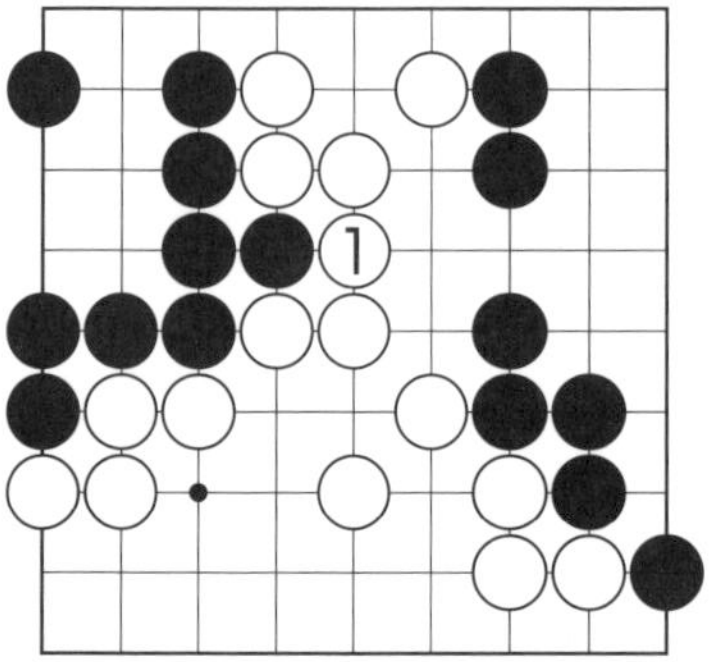

正解図《せいかいず》

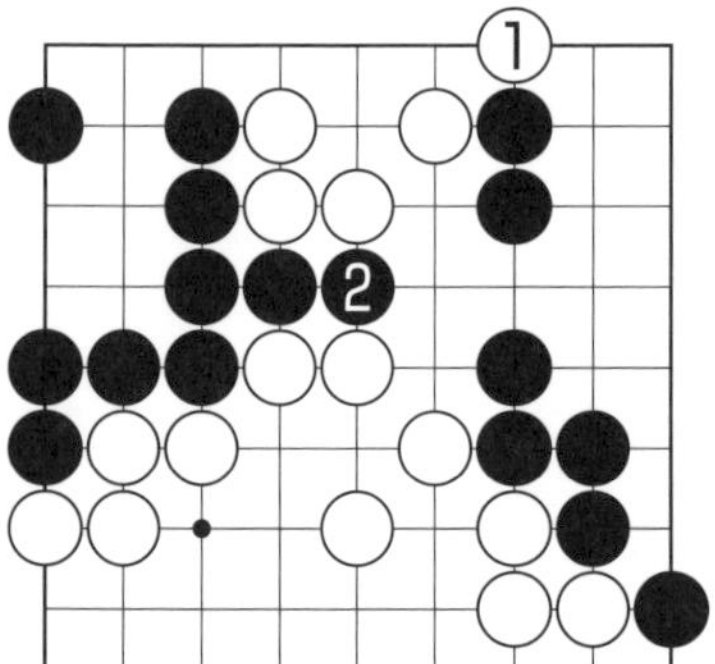

失敗図《しっぱいず》

問題《もんだい》⑦ ★★★

すぐに目《め》につく場所《ばしょ》はありますが、本当《ほんとう》にそこでいいですか？　全体《ぜんたい》をよく見《み》てみましょう。

（答《こたえ》はP92にあります）

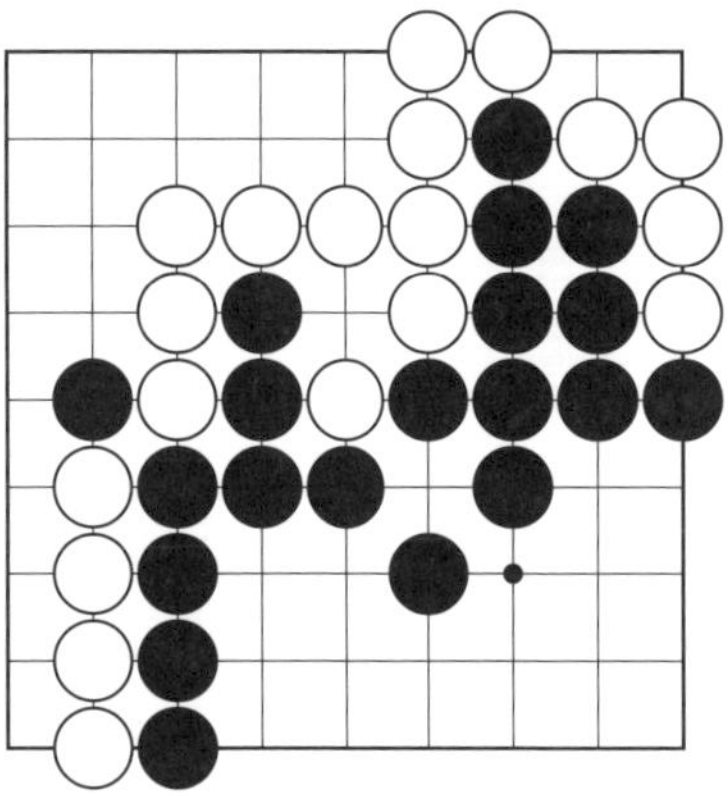

どっちが大事《だいじ》かよ～く
考《かんが》えてみよう。

答《こた》え⑦

正解《せいかい》
白《しろ》1のツギに気《き》づきましたか？　大事《だいじ》な守《まも》りでした。黒《くろ》に2に取《と》られて実《じつ》は地《じ》の大《おお》きさはまったく同《おな》じになるのですが、コミがある分《ぶん》だけ白《しろ》の勝《か》ちです。

失敗《しっぱい》
白《しろ》1にツギたくなりますが、黒《くろ》2で△の白《しろ》4個《こ》がウッテガエシで取《と》られてしまいます。隅《すみ》の近《ちか》くでできるウッテガエシはうっかりしやすいので、黒《くろ》の立場《たちば》でも2の手《て》を見逃《みのが》さないようにしたいですね。

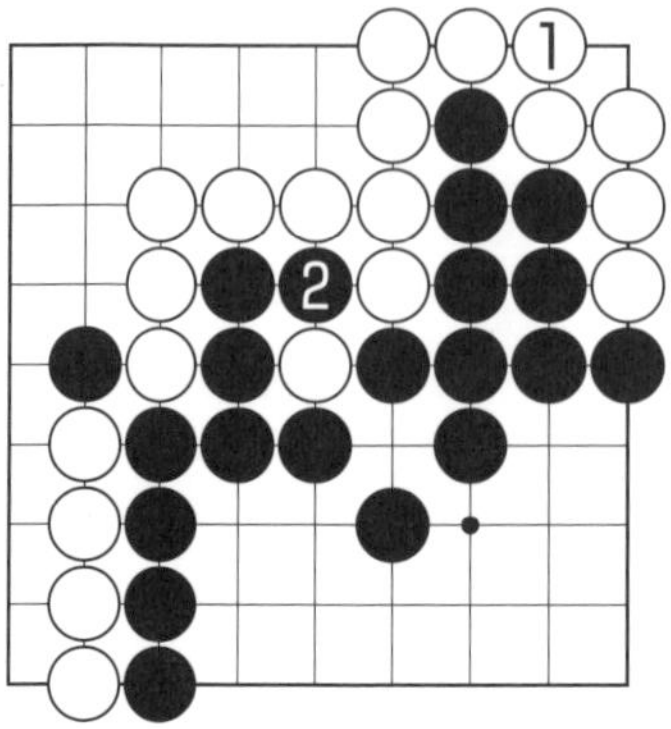
正解図《せいかいず》

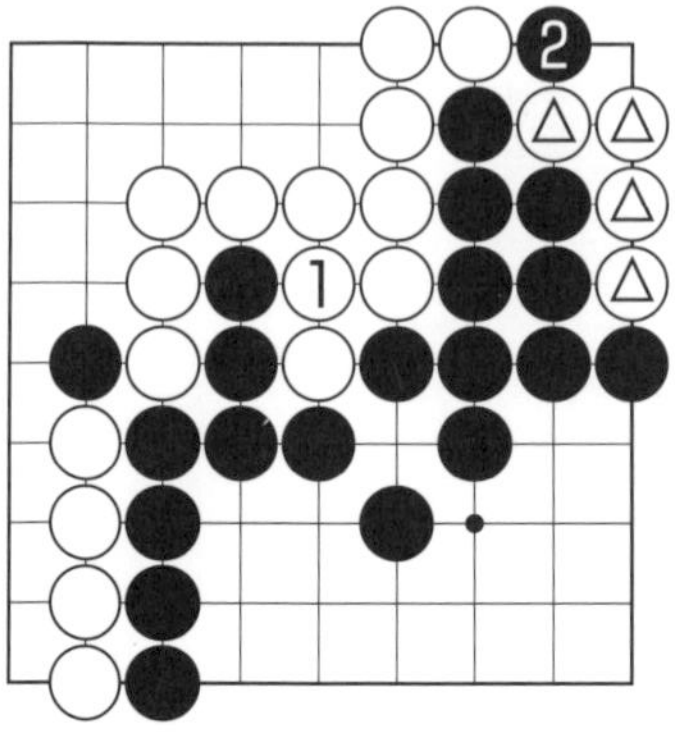
失敗図《しっぱいず》

問題《もんだい》⑧ ★★★

右上《みぎうえ》の白《しろ》が取《と》られてしまうと大敗《たいはい》です。どこかの黒《くろ》が取《と》れたらいいのですが、どこをねらえばいいのでしょうか？

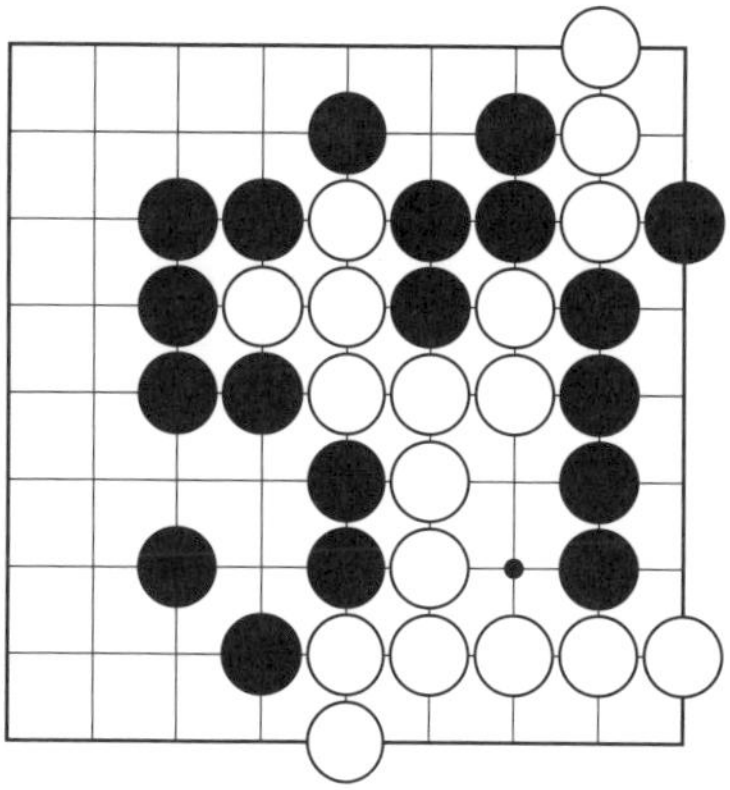

★三《みっ》つになると難《むずか》しいですが、一手目《いってめ》がかっこいいですよ。

（答《こたえ》はP94にあります）

答《こた》え⑧

正解《せいかい》　白《しろ》1に気《き》づいた人《ひと》は鋭《するど》い！　黒《くろ》は2に取《と》りますが、白《しろ》3にアタリします。続《つづ》いて……。黒《くろ》がアタリなので正解図続《せいかいずつづき》の4にツイだら、白《しろ》5で黒《くろ》を大《おお》きく取《と》れるのです！　オイオトシですね。

まず相手《あいて》に石《いし》を取《と》らせておいて、大《おお》きく取《と》り返す、というのがうまいテクニックです。こうなると右側《みぎがわ》の黒《くろ》も全部《ぜんぶ》死《し》んで、白《しろ》の大逆転勝利《だいぎゃくてんしょうり》です。

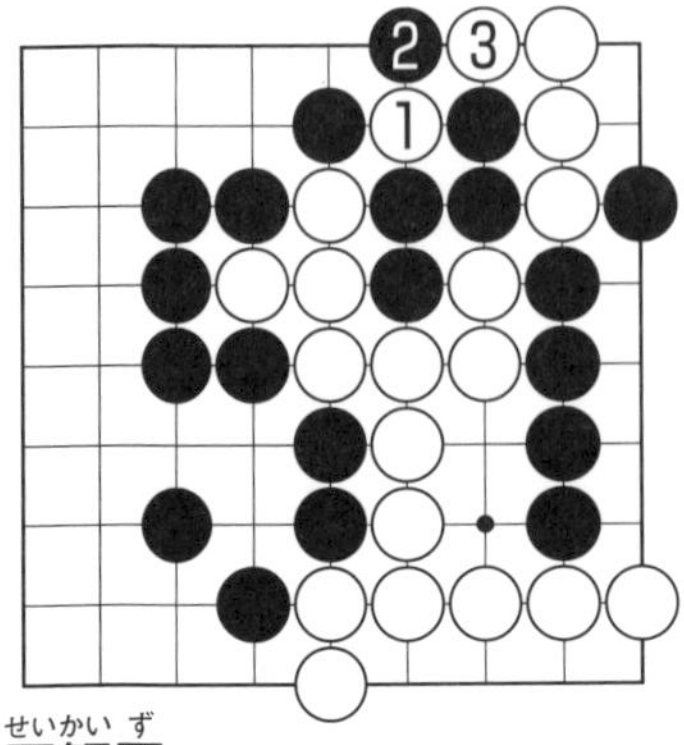

正解図《せいかいず》

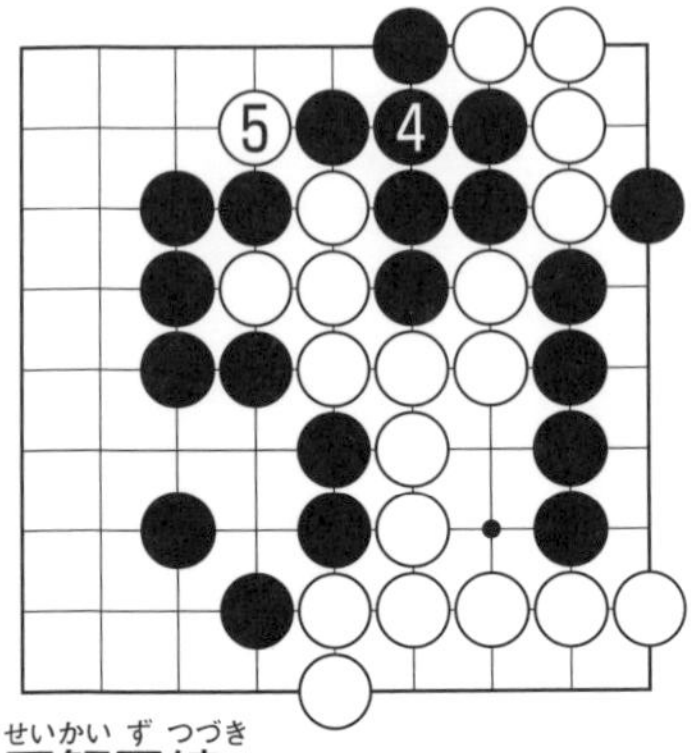

正解図続《せいかいずつづき》

参考資料《さんこうしりょう》

●参考資料
『ゆかり先生の囲碁初級教室 1 ～ 3』（梅沢（吉原）由香里・著、日本棋院）
『ゆかり先生の頭がよくなる囲碁入 1 ～ 2』 梅沢（吉原）由香里・著、日本棋院）
『ポイント明快　布石はこう打つめきめき上達シリーズ（1)』（日本棋院）
『知識は力なり　定石を覚えようめきめき上達シリーズ（2)』（日本棋院）
『巧みに華麗に　手筋で決めるめきめき上達シリーズ（3』）（日本棋院）
『石の命を実感　死活を楽しむめきめき上達シリーズ（4)』（日本棋院）
『仕上げは快調　ヨセを得意にめきめき上達シリーズ（5)』（日本棋院）
『0 からはじめる　囲碁ドリル入門 1GO・碁・ドリルシリーズ（1)』（日本棋院）
『0 からはじめる　囲碁ドリル入門 2GO・碁・ドリルシリーズ（2)』（日本棋院）
『1 から学べる　　囲碁ドリル基礎 1GO・碁・ドリルシリーズ（3)』（日本棋院）
『1 から学べる　　囲碁ドリル基礎 2GO・碁・ドリルシリーズ（4)』（日本棋院）
『1 から学べる　　囲碁ドリル基礎 3GO・碁・ドリルシリーズ（5)』（日本棋院）
『囲碁トレーニング 1　入門編基本がわかる 囲碁トレーニング』（日本棋院）
『囲碁トレーニング 2　基礎編基本がわかる 囲碁トレーニング』（日本棋院）
『囲碁トレーニング 3　初級編基本がわかる 囲碁トレーニング』（日本棋院）
『東大流 これからはじめる囲碁入門』（光永淳造・著、ナツメ社）
『勝つヨセの絶妙な手順 』（日韓精鋭棋士囲碁双書）（光永淳造・著、棋苑図書）
『ずばり即戦力 石を取る捨てる』（高野英樹 、光永淳造・著、NHK 出版）
『実録光永道場』（光永淳造・著、毎日コミュニケーションズ）

●写真
PIXTA（ kozo 、naberobin 、Fast&Slow 、Ushico)

はじめての囲碁　実戦編

構成・原稿執筆　東京大学囲碁部

2018年11月初版
2018年11月第1刷発行

監　修　光永　淳造

監修補佐　片山　浩之（東京大学囲碁部ＯＢ）

構成・原稿執筆　片山　浩之（東京大学囲碁部ＯＢ）
大島　健太郎（東京大学囲碁部）

図版協力　尾関　晴彦（エイブル）
図版制作　上海PG
イラスト　織田　明
編集進行　西川　恵美子（企画家カ丸堂）
表紙デザイン　星野　智美（HOKU'S）
編集協力　EDIX

発行者　内田　克幸
編　集　吉田　明彦
発行所　株式会社 理論社
〒101-0062　東京都千代田区神田駿河台2-5
電話　営業03(6264)8890　編集03(6264)8891
URL https://www.rironsha.com

印刷・製本　中央精版印刷株式会社

ISBN978-4-652-20283-8 NDC795　A5判　22cm 95p